MW01115835

EL SILENCIO
DE LOS BUENOS

Juan José Trujillo, "Juanjo"

Diseño: Cris Velázquez

Edición y revisión: Mayela Sepúlveda

1.ª edición: octubre de 2021.

Registro en trámite.

Impreso y hecho en McAllen, Texas, EE. UU.

Sobre el autor

Juan José Trujillo, "Juanjo".

Casado con Mariela Trujillo desde 1998 y padre de 4 hijos.

Vocalista y fundador del ministerio Vuelta En U (antes Shalom) desde 1993.

Autor de todos los temas de Vuelta En U.

Profesor de Bachillerato.

Coordinador de la comunidad Gospa (McAllen, Texas).

Estudiante de Maestría en Teología Pastoral (University of St. Thomas & University of Dallas).

Director de Gospa TV (2008).

Correo electrónico: grupovueltaenu@gmail.com

Redes sociales:

Twitter/ Instagram: @juanjovueltaenu

Fan Page Facebook: @Juanjovueltaenu

Página personal:

https://www.facebook.com/juanjose.trujillo.7545

*Dedicado a mi esposa Mariela
y a mis hijos Mariela, Daniel, Anamaría y Teresita. Los amo.*

Juanjo.

Índice

Prólogo

Dios es Amor. El papa emérito Benedicto XVI afirma: "No se comienza a ser cristiano por una decisión ética o una gran idea, sino por el encuentro con un acontecimiento, con una Persona, que da un nuevo horizonte a la vida y, con ello, una orientación decisiva" (*Deus caritas est,* 1).

El silencio de los buenos toma como punto de partida el silencio de los discípulos de Jesús al verlo en su camino hacia el Gólgota para ser crucificado. El amor que le juraron ha sido presa del miedo, nadie se atreve a defenderlo justo a unas horas de haberle prometido fidelidad, sobre todo Simón Pedro.

La obra que el lector tiene en sus manos es una invitación y meditación para hacer una especie de autocrítica sobre el porqué uno guarda silencio cuando es momento de hablar. Nos anima a salir de esa *acedia* espiritual y a dejarnos guiar por aquel que conoce lo más íntimo de nuestro corazón. El autor ha entretejido historias, situaciones de la vida cotidiana y anécdotas personales con textos selectos de la Sagrada Escritura para comunicar la actualidad del mensaje bíblico y suscitar en la audiencia una purificación espiritual.

El autor nos motiva a salir de nuestro encierro humano y espiritual, a darnos al otro, especialmente al forastero, a aquel que no pertenece al grupo. Nos exhorta a salir de nuestra autocomplacencia, de la zona cómoda y ponernos en salida. A ser más humanos y a no caer en las redes del mundo virtual que muchas veces, en lugar de asistir al espíritu humano, lo terminan desvirtualizando y lo privan de crecer en el amor, especialmente por el más necesitado. El autor recuerda a los padres que ellos son los primeros educadores en la fe y la moral de sus hijos; ellos son los custodios de la creación que Dios les ha confiado. Todo esto lo hace de una manera atractiva, suave y siempre en forma de diálogo.

El lector tiene en sus manos una herramienta de evangelización de fácil lectura, es una obra para compartir con todos. Este libro se puede utilizar como instrumento de diálogo entre los esposos y en familia, entre padres e hijos, con el compadre o con el compañero/a de trabajo. Las historias que se encuentran en esta obra motivarán a quien la lea a querer sacudirse el polvo que lleva en el corazón.

Espero que la persona que lea el presente texto experimente un encuentro con Jesús, Hijo de Dios vivo, y que las palabras de nuestro hermano, maestro y amigo se queden en lo más profundo del corazón: "¡Ánimo, soy yo, no tengan miedo!" (Mt 14, 27). Que la amistad y los lazos de amor que nos unen con nuestro Señor Jesucristo nos animen a cantar eternamente sus maravillas. Que el Espíritu Santo rompa ese silencio que hasta hoy hemos guardado y empecemos a vivir la realidad que hemos recibido en nuestro bautismo y confirmación.

Fiesta de Pentecostés

Juan Rendón, D. Min.

Capítulo 1
El silencio de los buenos

Es un viernes por la mañana. Jesús con la cruz a cuestas camina hacia el calvario. Va a encontrarse con la muerte, a la cual está por vencer. Mientras camina la gente lo insulta, le escupe, le grita, lo agrede, sin embargo, Él calla. Continúa ese recorrido y los insultos parecen subir de tono, lo siguen agrediendo y Él sigue guardando silencio. ¿Dónde están los discípulos? ¿Dónde está aquella multitud a quien Jesús alimentó? ¿Dónde están aquellos que gracias a Él ya pueden caminar, los que ya pueden ver? ¿Dónde están sus amigos? El miedo seguramente se ha apoderado de ellos. Jesús es despojado de sus ropas, ha perdido su imagen de ser humano.

Una vez que lo crucifican siguen los insultos; incluso el hombre que está clavado a la izquierda se burla de Cristo. Él no dice nada. De repente Dimas, el ladrón que está crucificado a la derecha de nuestro Señor, le dice: "Acuérdate de mí cuando vengas con tu Reino" (Lc 23, 42). Jesús le responde: "Hoy estarás conmigo en el Paraíso" (Lc 23, 43). El Señor siempre calla ante nuestros insultos, pero responde siempre a nuestras súplicas. Finalmente Jesús muere. Al contemplar esta escena pudiéramos también decir que lo que llevó al Señor a la cruz no fue el ruido de los malos sino **el silencio de los buenos.**

No basta con ser bueno, urge que seamos testigos. "Quien ha conocido a Dios no puede callar" (P. Luis Butera, MSP). El testigo comparte la Buena Nueva no solo con sus palabras sino también por medio de lo que hace. Estamos viviendo una época que se caracteriza por ser muy individualista, insensible al dolor de los demás, y Dios Padre nos vuelve a hacer la misma pre-

gunta, aquella que le hizo a Caín: "¿Dónde está tu hermano?".
Hoy pareciera que se ha perdido el espíritu de responsabilidad
hacia el hermano que sufre, al que ha perdido la esperanza. No
olvidemos lo que dice la palabra en 1 Jn 4, 8: "El que no ama no
ha conocido a Dios"; y el amar, más que dar, consiste en darnos. Amar también es compartir el mensaje de Jesús, que trae
esperanza para todos: "Predica el mensaje, insiste a tiempo y a
destiempo" (2 Tm 4, 2). Cuando pensamos en la exhortación que
nos hace Jesús de ir por todo el mundo, debemos iniciar por el
mundo de nuestra familia, nuestros hijos, las personas cercanas
a nosotros.

El silencio de Adán

El callar y no decir la verdad ha ocurrido desde el principio. Recordemos el pasaje de Adán y Eva en el Edén: "A la mujer le
gustó ese árbol que atraía la vista y que era tan excelente para
alcanzar el conocimiento. Tomó de su fruto y se lo comió y le
dio también a su marido que andaba con ella, quien también lo
comió" (Gn 3, 6).

En las Sagradas Escrituras escuchamos y leemos sobre el pecado de Adán, pero al leer este pasaje podemos pensar, ¿por
qué adjudicamos la culpa a Adán si fue Eva la que habló con la
serpiente y fue ella quien le dio de comer a Adán? Incluso San
Pablo en la carta a los Romanos nos dice: "Por tanto, tal como
el pecado entró en el mundo por un hombre, y la muerte por el
pecado, así también la muerte se extendió a todos los hombres,
porque todos pecaron" (Rm 5, 12). Es importante recordar que
Dios mismo le ordenó Adán: "Puedes comer del fruto de todos
los árboles del jardín del Edén menos del árbol del bien y del
mal" (Gn 2,16-17). Por lo tanto, antes de que Eva mordiera el fruto ya había ocurrido un grave pecado: ¡el silencio de Adán! Con
esto no se intenta describir a Adán como alguien malo, al contrario, era amigo de Dios y estaba en comunicación con Él a diario.
Sin embargo, **no solo pecamos al hacer cosas, sino también
al dejar de hacerlas,** y una de ellas es cuando callamos frente al

mal. Mientras el mundo sigue gritando mentiras como si fueran la Verdad, muchos de nosotros compartimos la Verdad como si fuera una mentira. Que el Señor nos ayude a vivir lo que dice San Juan: "No me avergüenzo de proclamar el evangelio porque es poder de Dios" (Rm 1, 16).

Vivimos para buscarlo

Vivimos para buscarlo y morimos para encontrarnos con Él, creo que en gran parte así es como se define el sentido de nuestra vida. El verdadero *buscador* termina siempre encontrado por Aquel que nos ama; **y cuando te encuentras verdaderamente con Él, de buscador te conviertes en testigo vivo del amor misericordioso de Cristo.**

El verdadero amigo de Jesús es aquel que no se emociona simplemente con escuchar la Palabra: "Pongan por obra lo que dice la Palabra y no se conformen con oírla, pues se engañarían a sí mismos" (St 1, 22). Sabemos de antemano que no es fácil, pero sí es posible anunciar, proclamar y compartir a un Jesús vivo a quienes aún no lo conocen. Cuando Jesús le pidió a sus discípulos que fueran a predicar el Evangelio a toda criatura (cfr. Mc 16, 15), los envió, pero también les dio la gracia para poder llevar a cabo esta misión, ya que sin Él nada podemos hacer (Cfr. Jn 15, 5). Ser testigos de Él no es una opción, es una obligación que tenemos como bautizados.

Es fundamental creer que el que hace la obra es Él, que nosotros simplemente somos la voz de la Palabra, que somos siervos inútiles que solo buscamos hacer lo que el Señor nos pide (Cfr. Lc 17, 10). Nosotros únicamente llenamos las tinajas de agua y Él es el que las convierte en vino (Cfr. Jn 2). En otras palabras, El Señor hace todo y nosotros el resto.

Hoy vivimos en una sociedad abrazada por la violencia, pero a esta violencia, que es el poder de la mentira, se le vence con el Evangelio, que es el poder de la verdad. Se le vence cuando le permito a Jesús arrancar el silencio de mi ser y con mi vida doy testimonio de Él, de ese Jesús que no solamente vale la pena, sino más bien, vale la vida.

El mundo necesita discípulos de tiempo completo y no solo fans de domingo, desafortunadamente muchos han hecho de la parroquia un club espiritual. Qué bueno ver parroquias con mucha gente los domingos, pero se nos olvida que la misa termina con el envío de llevar la Buena Nueva. Vamos a misa para encontrarnos con Dios y salimos de misa para encontrarnos con nuestro prójimo. No podemos vivir un cristianismo en privado y afuera vivir según lo que dicta el mundo.

Aparte de mi labor de evangelización soy profesor en una preparatoria en los Estados Unidos. Frecuentemente, al caminar por los pasillos de la escuela y saludar a muchos de mis estudiantes, me hago algunas preguntas como las que encontramos en los evangelios: ¿Y quién dicen ellos que soy yo? ¿Soy verdaderamente un testigo de Jesús? ¿Les he hablado con mis actos de que Jesús es el Señor, o me he quedado callado? ¿Sospechan de mí que soy un discípulo de Él? Antes de que Jesús fuera sentenciado a muerte, a Pedro se le acercaron en tres ocasiones para preguntarle: "¿No eres tú uno de los discípulos de ese hombre?" (Jn 18, 17). Pedro quería pasar de incógnito, pero quienes lo cuestionaron sospecharon de él porque era diferente, porque a pesar de la angustia en su rostro había algo más, algo que los ojos de estas personas no podían ver pero que sí veían los ojos del alma. Si hoy nos ven en la calle, ¿podrán sospechar de nosotros que somos uno de sus discípulos? ¿O el cantar del gallo continúa escuchándose gracias a mi silencio, a mi negación?

Hoy muchos hombres y mujeres saben de Jesús pero aún no lo conocen, incluso han participado en retiros o talleres, pero aún no se han comprometido con Él. Recuerdo muy bien aquella tarde de septiembre en la que mi novia, con quien ya llevaba cuatro años de noviazgo, me dijo algo que nunca olvidaré. Ella participaba en el coro de su parroquia, y al salir de misa, sin que yo tuviera la más mínima sospecha, simplemente me dijo: "Tenemos que terminar". Fue una bola recta que jamás vi venir. Yo estaba seguro de que todo iba bien, de que ella estaba contenta, y yo por mi parte me sentía "a gusto" en esa relación. Sus motivos fueron muy claros: "¡Define qué es lo que realmente quieres conmigo!". En esos momentos se cayó el velo de mis ojos y pude comprender que ella tenía toda la razón, la quería mucho pero aún no daba el paso a comprometerme con ella.

Los siguientes cinco meses fueron de los más difíciles que he vivido emocionalmente hablando. En febrero regresamos, en abril le di el anillo de compromiso, en julio fui a pedir su mano, y siete meses más tarde nos casamos. Hoy veo el fruto de ese compromiso: cuatro preciosos hijos y un matrimonio que busca la santidad cada día. Hermanos, no podemos pasar toda una vida simplemente de noviazgo con Cristo, en un noviazgo donde me siento "a gusto" pero sin definir mi relación con Jesús.

"Pero ¿cómo invocarlo sin creer en él? ¿Y cómo creer, sin haber oído hablar de él? ¿Y cómo oír hablar de él, si nadie lo predica? ¿Y quiénes predicarán, si no se los envía? Como dice la Escritura: «¡Qué hermosos son los pasos de los que anuncian buenas noticias!»" (Rm 10, 14-15).

No callemos más ante nuestros hijos, amigos, familiares, desconocidos. Ruego a Dios que nos dé el deseo de siempre buscarlo, de encontrarlo, vivirlo y compartirlo a los demás siempre y en todo lugar.

Preguntas de reflexión

1. ¿En qué momento he vivido el silencio como el que experimentó Adán?

2. ¿Quién dice la gente que eres tú? ¿Crees que te ven como un discípulo o como uno más de la multitud?

3. ¿Me preocupo y me ocupo de mis hermanos necesitados de Dios? Si tu respuesta es "sí", explica cómo, y si tu respuesta es "no", ¿qué sucede?

4. ¿Cómo es mi relación con Cristo en este momento? ¿Profunda, en sus inicios, mediocre?

5. De lo leído en este capítulo, ¿cuál idea o concepto llamó tu atención o te hizo reflexionar?

Capítulo 2
¿Por qué callamos?

"La vida es muy peligrosa. No por las personas que hacen el mal, sino por las que se sientan a ver lo que pasa" (Albert Einstein).

Uno de los mayores retos que tenemos como cristianos es vivir nuestra fe sin complejos y con alegría en medio de una cultura indiferente a Dios. En muchas ocasiones he decidido callar por cuestión de prudencia y respeto hacia otras personas, pero en otras más he callado por miedo (en cuanto a dar testimonio). Hay que ser claros: una cosa es la prudencia y otra cosa es la cobardía. El Papa Francisco, en su homilía de la fiesta de San Pedro y San Pablo en 2015[1], dijo que en estos tiempos más que maestros lo que urge son testigos valientes, convencidos. Añadió que es imposible dar testimonio si no existe la coherencia en nuestro vivir. "Enseñad a rezar rezando, anunciad la fe creyendo, dad testimonio con la vida", exhortaba el Papa en esa misma ocasión. Y cuánta razón tiene. Son mil veces mejores las acciones que solo las palabras. El gran San Francisco les decía a sus hermanos: "Predicad siempre el Evangelio y, si fuera necesario, también con las palabras" (cf. Fuentes franciscanas, 43).

En ocasiones **muchos buenos callan porque piensan que sus palabras no cambiarán a nadie.** Piensan que lo que pueden decir no tiene el nivel intelectual para transformar un corazón, pero el Señor nos recuerda: "Voy a poner mis palabras en tu boca" (Jr 1, 9). Hay que tener presente que nuestra misión no es tratar de convencer a las personas, sino decir la verdad, ya que

---

1. "Enseñar rezando, anunciar la fe creyendo, dar testimonio viviendo", *zenit.org*, 29 de junio de 2015,
https://es.zenit.org/2015/06/29/ensenar-rezando-anunciar-la-fe-creyendo-dar-testimo-nio-viviendo/.

"la verdad los hará libres" (Jn 8, 32).

Algo que nos ayudará mucho en esta santa tarea es el descon-fiar de uno mismo en una forma sana y confiar plenamente en el Señor. "No temas pues yo estoy contigo, no temas pues yo soy tu Dios" (Is 41,10). Desconfiar de sí mismos resulta difícil para muchas personas, pero me refiero a una desconfianza en el buen sentido. No se trata de no creer en ti, sino más bien de no apostar todo a tus fuerzas; desconfiar de ti sanamente es un acto de humildad.

Goliat confió en su fuerza, su grandeza, su popularidad, su ar-madura, y perdió; David reconocía su fragilidad, confió solo en el Señor y venció: "Tú vienes a mí con espada y lanza y escudo; mas yo vengo a ti en el nombre de Yahveh de los ejércitos, el Dios de Israel, que tú has provocado. Yahveh te entregará hoy en mi mano, y yo te venceré y quitaré tu cabeza de ti; y daré hoy los cuerpos de los filisteos a las aves del cielo y a las bestias de la tierra; y sabrá la tierra que hay Dios en Israel" (1 S 17, 45-46). **El temor es uno de los gigantes que enfrentamos a diario y que hoy tiene secuestrado a muchos *buenos*.** No olvidemos que lo contrario al temor no es la valentía, sino la fe, la cual con-siste en poseer ya lo que se espera. Hoy las palabras de nuestra madre siguen escuchándose en nuestro corazón: "Hagan lo que Él les diga" (Jn 2, 5). En lo particular, me gusta mucho este pen-samiento de San Agustín: "Haz tú lo que puedas, pide lo que no puedes, y Dios te dará para que puedas" (Sermón 43, sobre la naturaleza y la gracia).

Desánimo

Vivimos en una época en la que se le rinde culto al éxito. En la que confiar en uno mismo está por encima de cualquier cosa, en la que si triunfas es gracias a tu esfuerzo y si pierdes es porque el otro fue mejor que tú. ¿Cómo reaccionar ante todos los retos y adversidades que enfrentamos? El desánimo jamás deberá ser una opción. En la vida podremos fracasar, pero si se tiene el ánimo se puede seguir luchando. Quiero pensar que el Señor permite "el fracaso" pero no el desánimo, ya que este implica prácticamente "tirar la toalla", es decir, rendirse. Pedro y Judas fracasaron en un momento de su vida, la gran diferencia es que uno siguió en la lucha pero el otro abrazó el desánimo y terminó con su vida.

Hoy urge vivir intensamente nuestra vida cristiana. Juan Pablo II decía: "Si habéis encontrado pues a Cristo, ¡vivid a Cristo, vivid con Cristo!"[2]. No tengamos miedo de vivir intensamente, de mostrar quiénes somos, recuerda que ante la luz la obscuridad no triunfa. San Pablo nos recuerda que estamos llamados a ser "antorchas radiantes en este mundo" (Flp 2,15). Si quiero hacer visible y audible a Jesús ante los demás es necesario llevarlo y vivirlo en nuestro interior para que finalmente sea Él quien viva en mí. "Brille así vuestra luz delante de los hombres, para que vean vuestras buenas obras y glorifiquen a vuestro Padre que está en los cielos" (Mt 5, 16).

Buenos que no callan

La reacción de Williams

En una ocasión me encontraba dando clases en una preparatoria pública de los Estados Unidos. De repente se me ocurrió hacerle una pregunta a Williams, un joven que se caracterizaba por ser alegre y un poco callado. Al darse cuenta de que la pregunta iba dirigida hacia él recuerdo los ojos que puso; se levantó de su silla y en voz muy alta dijo: "Oh Jesús, Jesús, Oh my God". Recuerdo que todos en la clase, incluyéndome, nos quedamos helados, sorprendidos por su reacción. Luego le pregunté: "¿Estás bien?". Él solo se tomaba la cabeza con sus manos, caminaba

---

2. Juan Pablo II, "Homilía de su santidad Juan Pablo II durante la misa para el clero, religiosos y seminaristas", *vatican.va*, 26 de enero 1979, https://www.vatican.va/content/john-paul-ii/es/homilies/1979/documents/hf_jp-ii_hom_19790126_santo-domingo-cat-tedrale.html.

lentamente y decía en voz muy baja, "Jesús, Oh my God". Se detuvo y nos empezó a platicar a toda la clase que en días anteriores había tenido discusiones con su papá. Williams pensaba que estaba en lo correcto, y justo un minuto antes de que yo le hiciera la pregunta, en su mente le dijo a Jesús: "Señor, si la primera pregunta de la clase me la hace el profesor a mí, ese será el signo que confirma que yo estoy en un error y mi papá tiene la razón". Y continuó: "Esto que me acaba de pasar, nunca me había sucedido, y hoy puedo decir que Jesús me habló". Todos los estudiantes lo miraban de una forma incrédula, pero debo reconocer que el más sorprendido fui yo al ver el valor de Williams cuando compartió esa experiencia de fe a los demás. Al terminar la clase le di las gracias por ayudarme a crecer en la fe. Dos días después Williams me compartió su reconciliación con su papá. Así como este joven, en momentos y lugares menos pensados, tendremos la oportunidad de compartir la Verdad, nuestra alegría y nuestra fe. **Que el Señor nos dé la gracia para no callar.**

Dos jóvenes muy valientes

Tengo la bendición de ser padre de cuatro maravillosos hijos: Mariela, Daniel, Ana María y Teresita. Algo que admiro mucho de los tres mayores es el no tener miedo de compartir su fe *siempre y en todo lugar.* Cuando Mariela y Daniel estudiaban la preparatoria, asistían a una escuela donde Dios no era tema de conversación, y donde el relativismo se había apoderado de los jóvenes. La ideología de género, la relación entre personas del mismo sexo, el aborto, eran –y aún son– temas muy apoyados por la mayoría de los estudiantes. En una ocasión Mariela nos compartió que tenía la inquietud de hacer algo en su escuela, algo para que los jóvenes pudieran tener la oportunidad de escuchar sobre Jesús. Iniciar un grupo de oración en una escuela pública en los Estados Unidos es verdaderamente un reto, pero bien lo decía San Juan de la Cruz: "De Dios obtenemos tanto como esperamos"[3].

---

3. San Juan de la Cruz, citado por P. Jacques Philippe, *La libertad interior* (Madrid: Rialp, 2014).

Al poco tiempo Mariela y Daniel presentaron el proyecto al director de la escuela y en cuestión de días fue aprobado, hecho que aún me cuesta creer. Empezaron a hacer posters, a invitar jóvenes en los pasillos, y al fin iniciaron el grupo de jóvenes. Pero esto no es todo: cada miércoles asistían aproximadamente sesenta estudiantes, muchos de los cuales no sabían ni siquiera lo que era una Biblia. Claro, no todo fue color de rosa, ya que hubo críticas, burlas de otros estudiantes. Mis hijos siguieron compartiendo su fe con sus compañeros en la escuela, y como ya lo mencioné, tuvieron la gracia de vivir la persecución a cierta escala. San Ignacio de Loyola siempre le pidió al Señor para su comunidad la gracia de experimentar la persecución.

¿Quién no teme a la persecución? Y precisamente el temor a ella es y ha sido una de las razones por las que callamos. La persecución es un factor que nos desalienta; quienes nos persiguen tienen como objetivo hostigarnos por el simple hecho de pensar y creer diferente, y a través de agresiones buscan imponer su creencia. Muchas veces nos hemos convertido en cómplices mudos de esta sociedad que ha perdido su dignidad, pudor y temor a Dios. No hay que permitir que el miedo nos asalte, urge que Dios vuelva a estar "de moda". Lo que se necesita hoy en día no es tanto hacer cosas extraordinarias, sino hacer bien lo ordinario. Es importante recordar que por muy pequeña que parezca tu obra, no es insignificante, no olvidemos que una pequeña chispa basta para incendiar un bosque.

Columbine High School

1999 es un año que en cierta forma marcó mi vida. La masacre ocurrida en la escuela preparatoria Columbine High School es uno de los episodios más trágicos entre los casos de tiroteos que se han llevado a cabo en escuelas dentro de los Estados Unidos. Era el 20 de abril de 1999, un día normal. La mayor parte de los estudiantes se concentraba en la cafetería a la hora de este ataque. De repente dos estudiantes, Eric Harris y Dylan Klebold, ingresaban a la escuela cargados con armas de alto poder y abrieron fuego hacia los estudiantes. En un principio intentaron detonar unas bombas que llevaban con ellos pero no les fue posible explotarlas. Algunos pensaban que se trataba de una broma, pero en cuestión de segundos iniciaba una de las más terribles masacres llevadas a cabo en los Estados Unidos. Las balas volaban por todas partes y la cacería iniciaba.

Poco tiempo después de este lamentable hecho empezaron a surgir historias sobre las víctimas. Una de las que más llamó mi atención fue la de Cassie Bernall. Se dio a conocer que Cassie estaba en la biblioteca con una amiga cuando los atacantes entraron. Se dijo que uno de ellos le preguntó si creía en Dios, a lo que ella respondió que sí y de inmediato el muchacho le disparó en la cabeza. Meses después, conforme se profundizó en las investigaciones, se aclaró que esta historia no había ocurrido exactamente así, y que estaba más bien basada en el testimonio de otra chica, Valeen Schnurr. Ella recibió un disparo de uno de los atacantes, quien después le preguntó si creía en Dios y ella contestó que sí. Valeen sobrevivió a este disparo[4].

Independientemente de cuál de las dos versiones es real, lo que resalta en las dos muchachas es su fe en Dios y la forma en que ambas la testimoniaron. Al investigar un poco sobre la vida de Cassie, se sabe que no tenía mucho tiempo de haberse encontrado con el Señor, y aquella muchachita que no hacía mucho había llevado una vida un poco difícil, en los últimos meses y años de su vida era un testimonio vivo que compartía la esperanza que solo puede dar el Señor. Por su parte Valeen, ante una situación que podía poner en peligro su vida, decidió no quedarse callada y habló con la verdad. Confiamos en que la muerte de Cassie y el testimonio heroico de Valeen tengan un impacto en la fe de muchos.

4. Trevin Wax, "7 Myths about the Columbine Shooting", *thegospelcoalition.org*, 9 de octubre de 2012, https://www.thegospelcoalition.org/blogs/trevin-wax/7-myths-about-the-columbine-shooting/.
Hanna Rosin, "Columbine miracle: a matter of belief", *washingtonpost.com*, 14 de octubre de 1999, https://www.washingtonpost.com/wp-srv/WPcap/1999-10/14/026r-101499-idx.html.

Zona de confort

He tenido la bendición de ser parte de un ministerio de música (Vuelta En U, antes Shalom) que desde 1993 ha evangelizado a través de conciertos, retiros y talleres. Un día sentí la inquietud de poder compartir nuestra música y mensaje *fuera* de la iglesia, en lugares no necesariamente religiosos. Me di cuenta de que la mayoría de las personas que asistían a nuestros conciertos eran los mismos que habían ido las veces anteriores, en otras palabras, le estábamos cantando a la misma gente. Y estos hermanos, en su mayoría, de alguna forma estaban ya integrados a una comunidad, movimiento, o grupo. Como dirían en inglés, *we were singing to the choir* (le estábamos cantando al coro).

Es fácil entrar a una zona de confort cuando tus presentaciones y misión se realizan en foros donde la gente al igual que tú busca acercarse a Dios, se puede decir que habla el mismo idioma que tú. Recuerdo una ocasión haber participado con nuestros hermanos Servidores de La Palabra (SEPA), y durante esta misión me tocó conocer jovencitos misioneros que salían a las calles, subían a los autobuses y ahí compartían la Buena Nueva. No portaban una buena guitarra, ni tenían un set de luces impresionante, pero sí llevaban un corazón dispuesto para proclamar la Palabra. Salían de su zona de confort para encontrarse con el otro, como aquel buen Samaritano, que saliéndose de su camino fue al encuentro del hombre que sufría. Estoy consciente de que dentro de nuestra iglesia y comunidades igual hay mucha gente con necesidad, pero también sé que fuera de mi parroquia hay muchas personas tristes, solas y que al igual que nosotros son muy amadas por nuestro Dios. La pregunta que escuchaba en mi interior era aquella que Dios le hizo a Caín: "¿Dónde esta tu hermano?" (Gn 4, 9).

En este caminar he tenido la oportunidad de grabar algunos de nuestros temas con cantantes conocidos dentro del mundo secular. Uno de ellos es Jorge Guevara, ex vocalista del grupo Elefante. Con Jorge grabé el tema "Ser feliz", en el que se habla de lo que consiste la verdadera felicidad. Recuerdo la primera vez que interpretamos esa canción juntos en vivo: fue en un antro-centro nocturno de la ciudad de McAllen, Texas. Esta presentación iniciaba a las 12:00 a.m. El lugar estaba lleno, a reventar, recuerdo que era un jueves. Mi corazón palpitaba a mil por hora, parecía como si estuviera haciendo el último sprint para terminar un maratón.

Cuando salimos del camerino e íbamos caminando hacia el escenario, recuerdo que en medio de mucha gente nos paramos, empezamos a orar, y le pedimos al Señor que fuera Él quien hablara. A medida que interpretábamos la canción el Señor empezó a quitar mis temores, porque debo confesar que sí sentí miedo. En ese momento nuestro público no eran hermanos de comunidades, familias, era un público nuevo, diferente y bello. Un público que muy dentro de ellos buscaban ser amados, anhelaban el amor. Admito que a unos les gustó nuestra música, otros ni nos "pelaron" (no nos pusieron atención), pero lo que nunca se me olvidará es aquella persona que se acercó a Jorge cuando este bajó del escenario y le dijo: "Quiero, busco, necesito SER FELIZ".

Armenia

1988 es un año que se recuerda con tristeza en Armenia. Todo parecía normal, los padres dejaban a los niños en la escuela, todos acudían a sus actividades, cuando de repente, la historia cambió para muchos. Un terremoto azotó este país (en diferentes fuentes se dice que tuvo una magnitud entre 7 y 10 grados en la escala de Richter). En tan solo cuatro minutos, alrededor de 25 000 personas perdieron la vida[5]. Un padre de familia que había llevado a su hijo al colegio durante la mañana, se echó a correr hacia la escuela. Al llegar a aquel lugar se encontró con una escena devastadora. Ya no había escuela, aquellas peque-

---

5. Anush Janbabian, "Las heridas del terremoto armenio siguen sin cerrarse 30 años después", *lavanguardia.com*, 7 de diciembre de 2018, https://www.lavanguardia.com/vida/20181207/453412237955/las-heridas-del-terremoto-armenio-siguen-sin-cerrarse-30-anos-despues.html.

ñas aulas se reducían simplemente a escombros. El plantel y los niños habían desaparecido. A pesar de todo, empezó a mover escombros, buscaba desesperadamente una señal de vida. A cada persona que pasaba, le suplicaba: "¿Me ayudas?". Otros llegaban con este padre de familia para decirle: "Ya no busques", o "ya no hay nada que hacer". Pero en vez de desanimarlo, pareciera que estas palabras lo impulsaban a seguir buscando. Pasaron horas. Algunos se compadecieron y empezaron a ayudar a este pobre hombre. De repente, al mover una piedra, se escucharon unas voces, había vida, había niños bajo esos escombros. La noticia corrió y la gente llegó ayudar. Horas más tarde empezaron a sacar a los niños, uno por uno iban saliendo; 14 de 33 niños sobrevivieron. El padre al ver a su hijo lo abrazó y lo besó; mientras que el hijo volteó hacia los otros niños para decirles: "Les dije que mi papá vendría por nosotros"[6]. Este es el tipo de fe que necesitamos porque este es el tipo de Padre que tenemos.

Los pilotos[7]

En una ocasión los pasajeros de un avión esperaban a que subieran el piloto y el copiloto para abordar el avión que los llevaría a su destino final. Mientras esperaban, apareció el piloto del avión vestido elegantemente con lentes oscuros, acompañado por un joven que lo llevaba del brazo y con su bastón que le ayudaba a evitar que tropezara. Detrás de él venía el copiloto siguiendo al piloto, igual que su compañero vestía muy bien, también portaba lentes oscuros, pero este era guiado por un pequeño perrito.

Los pasajeros al ver a estos dos hombres abordar el avión quedaron totalmente anestesiados. Uno de los pasajeros lleno de nervios preguntó a la sobrecargo antes de subir:

---

6. Colin Wilson, "The Editor Speaks: Fathers", *inews.com*, 26 de abril de 2017, https://www.ieyenews.com/the-editor-speaks-fathers/.
7. Historia adaptada de: https://www.reflexionesparaelalma.net/page/reflexiones/id/642/title/Pilotos-muy-especiales.

-Señorita, ¿están ciegos?

-Sí, y son los mejores pilotos con los que cuenta esta empresa, contestó la sobrecargo.
Al final todos abordaron. Un silencio fúnebre invadía el ambiente dentro del avión. En eso se escuchó a uno de los pilotos decir por la bocina:

-Bienvenidos al vuelo 317, les habla su capitán. En un instante despegaremos, abróchense su cinturón de seguridad y esperamos que este vuelo sea de su agrado.

Todos los pasajeros estaban nerviosos, unos después de muchos años empezaban a rezar. Las miradas entre los presentes eran como invitando unos a otros a abandonar la nave. El avión empezó a acelerar. El aeropuerto y la pista estaban sobre una montaña, y la pista terminaba justo donde iniciaba el precipicio de esa montaña. La velocidad del avión aumentaba paulatinamente, tomó más fuerza, la pista se achicaba y el avión no despegaba. La aeronave aumentó su velocidad, pero no sucedía el despegue. El final de la pista se acercaba, ya faltaban pocos metros y de repente, como coro bien ensayado, la mayor parte de los pasajeros gritaron y al hacerlo, la aeronave despegó y empezó a elevarse. La gente suspiró, ¡qué alivio! Mientras tanto el piloto le decía a su copiloto:

-El día que la gente deje de gritar, ese día verdaderamente nos estrellaremos.

A partir de esta simpática historia ficticia podemos reflexionar en lo siguiente: no dejemos que la nave de nuestra sociedad, comunidad, o familia sea conducida por ciegos, y si ese es el caso, es importante gritar y con nuestra vida proclamar que Jesús es el Señor. No podemos ser una tripulación muda que viendo todo lo que sucede en el mundo aún nos mantengamos callados. Por eso nos dice Jesús que "si nosotros callamos, las piedras gritarán por nosotros" (Cfr. Lc 19, 40).

La fe no es para vivirse en un estado de vergüenza, sino que tiene que ser anunciada. "El hombre contemporáneo escucha más a gusto a los que dan testimonio que a los que enseñan…; o si escuchan a los que enseñan es porque dan testimonio" (*Evangelii Nuntiandi*, 41). Que Jesús nos conceda que nuestros actos hablen por sí solos de su Palabra, y que a la vez no tengamos miedo de proclamar con nuestras palabras las maravillas de su amor.

Preguntas de reflexión

1. ¿Cómo lucho contra el desánimo?

2. ¿Cuándo he callado por prudencia y cuándo por cobardía?

3. ¿Qué conclusión me deja la historia de los pilotos y cómo la aplico a mi vida cotidiana?

4. De lo leído en este capítulo, ¿hay alguna idea o concepto que haya llamado tu atención? ¿Algún punto que te haya hecho reflexionar? Compártelo.

Capítulo 3
El silencio de los padres

Actualmente se podría decir que estamos viviendo la era del entretenimiento. Muchos de los padres de familia ya no educan, simplemente entretienen. Es increíble ver cómo nuestros hijos son anestesiados con la tecnología. Es muy común ver familias en restaurantes donde el papá está concentrado con su iPhone, la mamá toma fotos a la comida para compartirlas con sus "amigos" en las redes sociales, el hijo escucha música con sus audífonos, mientras la hija manda textos. En otras palabras, cero convivencia, cero comunicación. Se nos ha olvidado que la mesa es el lugar privilegiado para compartir y conocernos.

Definitivamente el uso de los aparatos electrónicos ha "simplificado" a muchos padres el "desgaste" de cuidar a sus hijos. Recuerdo que en una ocasión me encontraba con mi esposa en el consultorio del pediatra de nuestros hijos, mientras esperábamos que consultaran a mi hijo Daniel. Llegó una señora con su hijo, el cual tendría alrededor de unos 10 años de edad. En eso la mamá le preguntó al niño: "¿Y tu tableta?". Él le contestó: "La dejé en casa". Entonces, en una forma angustiada y desesperada la madre le respondió: "¿Y ahora qué vas hacer?". Esta anécdota parece exagerada y cómica, pero es la realidad de muchos padres que han optado por entretener en vez de educar.

Se dice que aproximadamente un 30% de los niños que aún están en pañales son entretenidos con los celulares de sus padres y el 15% de estos niños pasan por lo menos una hora diaria "conectados" al celular[8]. Entre los efectos que esto produce en los niños es que sufren de estrés y ansiedad, o se vuelven hipe-

---

8. "La dieta digital para niños", *Semana.com*, 4 de marzo de 2016, https://www.semana.com/vida-moderna/articulo/ninos-dependientes-de-tabletas-y-celulares/464083/.

ractivos por no querer despegarse del aparato. Germán Casas, psiquiatra infantil, revela haber visto pacientes de seis años que sufren cuadros de pánico cuando no están cerca de un celular, tableta, u otro aparato electrónico[9]. Otras evidencias en cuanto a efectos que ocasiona la tecnología en los niños es que si pasan mucho tiempo expuestos a este tipo de dispositivos tendrán altas posibilidades de sufrir de miopía, déficit de atención y depresión infantil. Si tú eres papá o mamá recuerda que utilizar la tecnología como sustituto de la formación de los hijos siempre será contraproducente.

Presentes pero ausentes

Estamos acostumbrados a vivir siempre ocupados, como dice una canción que escribimos hace tiempo:

Dicen que el reloj no mide al tiempo

pero sí a los hombres

porque el que vive de prisa

hace que su paz se esconde

y aquel que no tiene paz

realmente es un hombre pobre.

A la mayoría de los padres les cuesta mucho "desconectarse" de su trabajo. Con frecuencia al llegar a casa preferimos seguir revisando nuestro correo electrónico que convivir con los hijos. En otras palabras, estamos presentes pero ausentes, y a la vez estamos "fabricando" hijos que en poco tiempo también serán adolescentes ausentes. Es cierto que como padres tenemos la responsabilidad de proveer, pero también es importante no olvidar que en la vida no basta con darle lo mejor de las cosas a tus hijos, esfuérzate por darles lo mejor de ti, que es tu tiempo.

Recientemente apareció una nueva palabra, un nuevo término:

---

9. "La dieta digital para niños", *Semana.com*.

el *phubbing*. Este se deriva de la combinación de las palabras *phone* (teléfono) y *snubbing* (ignorar), es decir, es el acto de ignorar a las personas debido al uso del teléfono móvil. El *phubbing* genera falta de comunicación entre los miembros de la familia y a la vez provoca el aislamiento social, ya que muchas veces los hijos optan por encerrarse en sus cuartos y conversar *online* con otras personas, en vez de convivir con quienes viven en casa. Es difícil comprender cómo es que algunas personas se reúnen con otras para compartir su tiempo, y al final terminan dedicándose a navegar en la red, chatear, checar correos o redes sociales. En otras palabras, estas personas están realmente ausentes y desperdician una bellísima oportunidad de encuentro con los demás.

A veces resulta "imposible" dejar una conversación de Whats-App para después, queremos contestar cuanto antes el mensaje que recibimos, y sin darnos cuenta nos hacemos adictos a la inmediatez. Cuando atendemos al instante los mensajes que nos llegan mostramos que es más importante responderle a esa persona que se encuentra en otro lugar, lejos de nosotros, que platicar con la que tenemos enfrente en la mesa. La vida consiste en relacionarse con otras personas y esta parte fundamental cada día se pierde más. No me sorprendería pensar que una gran mayoría, por el resto de vida que le quede, pasará más tiempo frente a una pantalla que conviviendo con sus seres queridos, esos a los que dice amar con todo su ser.

Según las estadísticas, los padres e hijos conversan diariamente por alrededor de tres minutos ininterrumpidamente. Esto no incluye las típicas órdenes o preguntas como "saca la basura", "¿tu tarea?", etc. Tristemente entre los esposos la conversación promedio es de aproximadamente cuatro minutos sin interrupciones. Los hijos tienen hambre de atención, de tiempo de calidad, de aceptación, de abrazos, de palabras que los hagan sentirse amados, es así como se alimentan emocionalmente. Estar presente no es suficiente, estar presente consiste en darnos.

La nueva droga

Un gran problema que tenemos hoy en día es que la mayoría de los padres de familia desconoce lo que sus hijos ven a través del internet. Algunos investigadores han descubierto que la edad promedio de exposición a la pornografía ha bajado a la edad de los 8 años. John D. Foubert, de la revista Dignity, revela que la mitad de los niños (varones) han visto pornografía (*hardcore*) antes de llegar a la adolescencia[10].

La organización GuardChild llevó a cabo una investigación y sus resultados muestran que[11]:

- El 90% de los niños entre 8 y 16 años de edad han visto pornografía en Internet.

- Solamente 1/3 de los padres tienen filtros o ciertos tipos de programas para bloquear contenido sexual del Internet.

- El 86% de las niñas normalmente establecen comunicación con desconocidos en chat *rooms*.

Nuestros hijos están creciendo en una cultura donde abunda la pornografía, a la cual hoy también se le conoce como la "nueva droga". Algunos estudios muestran que el poder adictivo de la pornografía puede ser peor que la adicción a las sustancias. Antes, para ver pornografía, los jóvenes y adultos tenían que ir a buscarla y comprarla, ahora pueden tener acceso a ella mediante un clic en sus teléfonos. Hoy en día las computadoras y los teléfonos celulares se han convertido prácticamente en puestos de revistas y cine para adultos. Según información proporcionada por Covenant Eyes, el 30% de las páginas web contienen

10. John D., Foubert, "The Public Health Harms of Pornography: The Brain, Erectile Dysfunction, and Sexual Violence", *Dignity 2*, no. 3 (July 2017): 2, accesado el 10 de julio de 2021, https://digitalcommons.uri.edu/cgi/viewcontent.cgi?article=1077&context=dignity.
11. "Internet Statistics", *GuardChild.com*, accesado el 10 de julio de 2021, https://www.guardchild.com/statistics/.

material considerado como pornográfico[12].

La pornografía está esclavizando a muchos de nuestros hijos y a la vez tiene esclavizados a muchos padres de familia. Decía Juan Pablo II: "El problema de la pornografía no es que enseñe mucho, el problema es que enseña muy poco" (*Familiaris Consortio*, 1981). Y esto es una gran verdad, ya que en la pornografía la dignidad de la persona es realmente pisoteada. No hay que olvidar que el ser humano es mucho más que un cuerpo. No cometamos el error de pensar que la pornografía es algo inofensivo o que simplemente es entretenimiento. Descuidar a tus hijos o dejar de supervisar los contenidos que ven en Internet, particularmente en relación con la pornografía, es como montarlos en una motocicleta de alta velocidad sin frenos. Nos ha tocado ser parte de esta generación en la que por primera vez se está demostrando con estudios científicos el daño que causa. **Padres de familia, ya no callemos,** la pornografía carece de principios y valores, distorsiona totalmente el sentido del amor, destruye a la persona al igual que a la familia. En una ocasión se le cuestionó a Andy García, mi actor favorito, el porqué nunca ha aceptado grabar escenas sexuales, y su respuesta me pareció buenísima: "Prefiero hacer una escena de amor".

El silencio ante el tema de la sexualidad

Normalmente tratamos de proporcionar a nuestros hijos la mayor educación posible; los educamos, por ejemplo, musicalmente, deportivamente, nos preocupamos de que aprendan otros idiomas, buscamos diferentes áreas donde ellos puedan desarrollarse. Pero en cuanto al tema de la sexualidad, en la mayoría de los casos le sacamos la vuelta como se dice coloquialmente y no educamos a nuestros hijos. Tristemente, en la mentalidad de muchos padres, a las palabras "sexo" o "sexualidad" muchas veces se les relaciona con algo vergonzoso, penoso, sucio, cuando

---

12. "Porn Stats", *CovenantEyes.com*, accesado el 10 de julio de 2021, http://www.covenanteyes.com/lemonade/wp-content/uploads/2013/02/covenant-eyes-porn-stats-2018-edition.pdf.

más bien la sexualidad es un bello regalo de Dios y uno de los grandes misterios de la vida. Durante mi infancia y adolescencia no recuerdo alguna vez haber tenido una plática de sexualidad con mis padres. Hablar con los hijos sobre la sexualidad humana no solamente es importante, sino que es una obligación.

Actualmente los niños y adolescentes tienen acceso a muchísima información pero carecen de formación. No es un secreto que gran parte de nuestra sociedad está optando por la perversión sexual, y mientras tanto, las puertas de nuestro hogar se encuentran abiertas a tantos medios de comunicación que degradan el bello don de la sexualidad. Gracias a nuestro silencio muchos de nuestros hijos hoy en día no creen que el acto sexual pertenece exclusivamente al matrimonio; incluso hace poco leía un artículo que decía que más del 90% de las escenas de sexo en películas o programas de televisión no son actuadas por personas que interpreten un papel de esposos.

En la exhortación apostólica *Familiaris Consortio* sobre la misión de la familia cristiana en el mundo actual, Juan Pablo II reserva un puesto destacado a la educación sexual como un valor de la persona. "La educación para el amor como don de sí mismo constituye también la premisa indispensable para los padres, llamados a ofrecer a los hijos una *educación sexual* clara y delicada. Ante una cultura que "banaliza" en gran parte la sexualidad humana, porque la interpreta y la vive de manera reductiva y empobrecida, relacionándola únicamente con el cuerpo y el placer egoísta, el servicio educativo de los padres debe basarse sobre una cultura sexual que sea verdadera y plenamente personal. En efecto, la sexualidad es una riqueza de toda la persona —cuerpo, sentimiento y espíritu— y manifiesta su significado íntimo al llevar la persona hacia el don de sí misma en el amor" (núm. 11)

Recientemente ha surgido también la peligrosa doctrina denominada ideología de género, que en sí niega la diferencia y complementariedad entre varón y mujer, y busca a la vez presentar a una sociedad sin diferencias de sexo. Esta ideología motiva al joven o al niño a escoger su propio sexo, provocando en él o en ella una negación de su propia naturaleza. Un ejemplo de cómo esta ideología se ha introducido a nuestra sociedad es una ley del estado de Nueva York que entró en vigor el 1.º de enero del 2019. La ley señala que las personas que no se identifiquen como hombres ni como mujeres, llamados "no binarios" o "inconformes de género", podrán cambiar su género de masculino o femenino, a una "X" en documentos oficiales. Esta ley también permite a los padres elegir la designación "X" para sus recién nacidos. De esta manera, el estado de Nueva York se suma a California, Oregón, Washington, y Nueva Jersey como estados que autorizan una tercera opción de género en las actas de nacimiento[13].

Nunca es tarde para compartir y formar a nuestros hijos en la belleza de la sexualidad. Nuestro hogar deberá ser siempre un lugar de formación. Que el Señor nos dé la gracia para superar nuestra timidez, acabar con nuestro silencio y así ayudar a nuestros hijos a enfrentar estos desafíos.

Para ti, papá

Juan Pablo II decía que su casa fue su primer seminario. La Nueva Evangelización en gran parte depende de nosotros, los padres de familia. La iglesia Bautista en los Estados Unidos llevó a cabo unos estudios sociológicos que cubrieron todas las denominaciones en ese país y dieron por resultado unos números bastante interesantes. Estos indican que dentro de una familia, si el hijo (a) es el primero que tiene un encuentro con el Señor, la probabilidad de que el resto de la familia también se integre a la iglesia es de un 3.5%. Cuando la madre es la que inicia este cambio de vida, el efecto que tendrá en el resto de la familia es de un 17%, pero cuando el papá es el que inicia, ¡el resultado es de un 93%![14] En otras palabras, ¿queremos cristianizar el mun-

---

13. Brooke Sopelsa, "Gender 'X': New York City to add third gender option to birth certificates", *NBC News.com*, 12 de septiembre de 2018, https://www.nbcnews.com/feature/nbc-out/gender-x-new-york-city-add-third-gender-option-birth-n909021.
14. Polly House, "Want your church to grow? Then bring in the men", *Baptist Press.com*, 3

do? Empecemos por nuestro hogar. El efecto que tendrás con tus hijos hará eco en tus nietos y en las siguientes generaciones. En Suiza se llevaron a cabo unos estudios similares, cuyos resultados indicaron que si el padre no se incorpora a la iglesia, no importa qué tan devota sea la madre o hermanos, la probabilidad es de 1 entre 50 de que los hijos se conviertan en cristianos. Ahora bien, si el padre empieza a practicar la fe, entre ⅔ y ¾ de los hijos se incorporarán a la vida de la iglesia[15].

Es una realidad que nuestros jóvenes hoy en día buscan una fe sólida, pero desafortunadamente en ocasiones no ven una vida coherente en los padres ni en sus líderes espirituales. Si queremos convencer tenemos que estar realmente convencidos. Hemos caído en el error de callar tanto ante nuestros hijos al no practicar lo que predicamos ni vivir lo que creemos, como bien lo decía San Antonio de Padua.

Jairo: modelo para todo papá

En el capítulo nueve del evangelio de San Marcos recordamos a Jairo, que en lo particular es un ejemplo ideal para los padres de hoy en día. Jairo tiene una hija enferma, a punto de morir, al parecer la muerte visitará a su familia. Desesperado va en busca de Jesús; al encontrarlo le explica el caso de su hija y Jesús decide acompañarlo a su casa. Al iniciar el camino Jesús se detiene y entre toda aquella gente que lo empujaba para estar cerca de él, Jesús pregunta que quién lo ha tocado. En ese momento inicia el diálogo con aquella mujer que llevaba 12 años con hemorragias. Quiero imaginar el rostro de Jairo, su desesperación, ¡su hija se está muriendo! ¿Cuántas veces hemos experimentado algo semejante? Nos urge el milagro y Jesús toma su tiempo. Incluso hay veces que pensamos que el Señor nos ha puesto en *hold* (espera), pero no es así, Jesús siempre escucha, Él siempre

de abril de 2003, https://www.baptistpress.com/resource-library/news/want-your-church-to-grow-then-bring-in-the-men/.
15. Robbie Low, "The Truth About Men & Church", *Touchstone* (junio 2003), https://www.touchstonemag.com/archives/article.php?id=16-05-024-v.

atiende a su forma y a su tiempo.

Finalmente Jesús y Jairo retoman el camino, cuando de repente se encuentran con siervos de Jairo quienes vienen a decirle que su niña ha muerto. Incluso le dicen: "Ya no molestes al maestro". ¿Cuántas veces después de luchar y luchar, de pedir por la conversión de un hijo, algunas personas vienen a ti y te dicen: "Ya déjalo, no tiene solución"? Sin embargo Jairo continúa, llegan a su casa, Jesús manda sacar a todos de ahí, y al entrar el Maestro, la vida llega. Nuestro Señor toma la mano de la niña y aquella que estaba muerta vuelve a la vida. Jairo hoy enseña a todos los padres que no basta con llegar a casa hablando de Jesús, hay que llevar a Jesús a tu casa. Ánimo papás, que para Dios no hay nada imposible.

Cinderella Man

Una de mis películas favoritas es "Cinderella Man". Trata sobre James Braddock, un boxeador exitoso que al llegar la época de la depresión en los Estados Unidos cae en la ruina. Él y su familia pasan hambre, pero a pesar de la situación aprovecha estos momentos para dar una lección de vida a su esposa e hijos. Hay una escena que me conmueve demasiado y me enseña mucho, y es cuando Jay (hijo de James), debido al hambre que pasaban, va a una carnicería y se roba un pedazo de carne bastante grande. Cuando regresa James del trabajo, ve la carne en la cocina, le pregunta a Mae (su esposa) sobre su procedencia y ella le dice que Jay se la ha robado. Jay le da dos razones a su padre con las que explica porqué llevó a cabo ese robo. Uno, porque tenían hambre, y dos, porque en aquel entonces si los padres no aportaban lo básico a sus hijos, las autoridades les quitaban a sus niños y los enviaban a un lugar donde eran atendidos, de forma que eran separados de sus familias. Después de escucharlo, James toma a Jay y el pedazo de carne, y ambos van a la carnicería a regresar lo robado. Es precisamente este niño el que devuelve al carnicero la carne y a la vez le pide disculpas. Es una escena bastante emotiva. A pesar de la situación James aprovecha esta oportunidad para formar a su hijo en el Evangelio y en los valores.

Como padres siempre tenemos la gran oportunidad de compartir con nuestros hijos y nuestra esposa la alegría y la esperanza a la que estamos llamados. En ocasiones, cuando una familia pasa por situaciones económicas difíciles, se tiene una gran oportunidad para ver la providencia del Señor. Es una gran ocasión para que como padres enseñemos a nuestros hijos a ser felices en lo poco y a valorar aún lo mucho que tenemos. Las situaciones difíciles no tienen porqué hacernos infelices. Una de las prácticas muy comunes en casa, es que no solo damos gracias por los alimentos en la mesa, sino que como familia nos reunimos después de regresar del supermercado y antes de sacar los alimentos de las bolsas damos gracias al Señor por su providencia. Para los padres, el cumplir el mandamiento de Cristo de hacer discípulos por todas las naciones, comienza en el hogar con nuestros hijos.

Derek Redmond

Como padres tenemos que ayudar a nuestros hijos a llegar a la meta. Una escena que creo que pone en imágenes esto que te comparto en cuanto a involucrarte en la salvación de tus hijos, es lo que le sucedió a Derek Redmond. Derek era favorito para ganar la medalla de oro en las olimpiadas de Barcelona en 1992, en la carrera de 400 metros. Para esto se preparó por años, con un entrenamiento duro, una buena alimentación y mucho sacrificio. La final de los 400 metros representó para Derek quizás la prueba más grande de su vida.

Al iniciar la carrera (final) y llegar a los 150 metros de repente sintió un tirón, se desgarró su muslo. Derek se hincó sobre la pista y empezó a llorar, pero igual con dolor y sin contar con la función de una pierna él se puso de pie; sabía que había perdido una pierna pero también estaba consciente de que le quedaba otra y una voluntad para llegar al final. Su padre se encontraba entre la gente, pudo evadir a las personas de seguridad y a toda aquella multitud y entró en la pista. Su hijo muy apenas avanzaba. Quiero pensar que el padre le dijo: "Tu meta es también la mía, tu dolor también es mi dolor". El padre tomó el brazo de su hijo, lo puso sobre sus hombros y así lo fue llevando. La gente al ver esta escena, se olvidó de los que ya habían terminado la carrera y se alegraba más por él que aún no había llegado, pero que iba decidido hacia la meta. Al final Derek no llegó solo, los dos, padre e hijo ¡llegaron juntos!

Papás, hoy más que nunca debemos hacer a un lado las "multitudes" de la indiferencia, el orgullo, el cansancio, el egoísmo, el mal carácter, y saltar a esa pista donde nuestros hijos sufren, donde nuestros hijos tienen desgarrada no una pierna, sino el corazón, debido los momentos que no hemos estado ahí con ellos y por ellos. Por convertirlos en huérfanos aún teniendo padres. Por los momentos en que los hemos lastimado, por los momentos en que nos hemos preocupado por darles cosas pero les hemos negado nuestro tiempo. Porque quizá por confiados o por pensar que ya no nos necesitaban, viven hoy heridos y lastimados a causa de la pornografía. En esa pista de la vida, ahí está tu hijo. Corre hacia él y juntos, con la fuerza de Dios, ¡crucen la meta!

Preguntas de reflexión

1. ¿Cuánto tiempo convivo diariamente con mi(s) hijo(s)?

2. ¿Conozco realmente a mis hijos? ¿Sé cuales son sus sueños, miedos, preocupaciones, inquietudes?

3. ¿Cómo formo a mis hijos sobre los peligros de la pornografía y otros retos que nos pone la cultura de hoy?

4. ¿Cómo podría aplicar la historia de Derek Redmond a mi vida?

5. De lo leído en este capítulo ¿hay alguna idea o concepto que haya llamado tu atención? ¿Qué puntos te han hecho reflexionar?

Capítulo 4
El silencio entre los esposos

Si hay algo de lo que muchos matrimonios hoy carecen es de intimidad. La **intimidad** es mucho más que un acto sexual, es que podamos conocer a la otra persona plenamente, y a la vez, dejarla que te conozca de igual forma. En el idioma inglés la palabra intimidad es "intimacy". Si desglosáramos esta palabra en partes y analizáramos su significado podríamos plantearla como "into-me-se": *into me* que se traduciría como "hacia adentro de mí", y *see* que significa "ver". De modo que podíamos decir que significa **ver y conocer el interior del otro**. Sin embargo, para que puedas vivir una intimidad con tu esposa(o) se necesita tiempo, y dar tiempo implica necesariamente darte. Si el Señor te ha llamado al matrimonio no olvides que estás llamado a ser *don* para tu esposo(a), lo cual consiste en entregarse y darse por completo.

En capítulos anteriores mencionamos que el tiempo que una pareja pasa conversando a diario, sin interrupciones, es de alrededor de cuatro minutos. Vivimos en un mundo donde nos hemos hecho amigos íntimos y compadres de la prisa, del exceso de trabajo, del cansancio, vivimos sin tiempo. ¿Pero sabes una cosa? Si no hay tiempo para lo importante entonces hay que hacer el tiempo para ello. No te conformes solamente con platicar, aprende a dialogar, ya que el diálogo consiste en darse uno al otro desde lo más íntimo. Es compartir quién eres realmente, tus sueños, tus anhelos, tus miedos. Llevo más de 20 años de casado con Mariela, la mujer más maravillosa, pero debo reconocer que apenas en los últimos años empezamos realmente a conocernos, y por consiguiente nos fuimos enamorando más el uno del otro.

Cada semana acostumbramos tener un *date* (cita). Nuestras citas no necesariamente se llevan a cabo en restaurantes elegantes o formales, la mayoría de las veces es simplemente ir a un café, tomar un refresco, ir a un lugar tranquilo en mi ciudad y solo dialogar. Esa hora que pasamos juntos no la cambio por nada. Ese tiempo de intimidad me ha permitido conocerla y le ha permitido a ella conocerme. Ahora que nos hemos dado el regalo de conocernos más puedo afirmar lo que dice aquella canción de Brad Paisley: "Y pensaba que te amaba" (*... and I thought I loved you then*). ¿Cómo va tu diálogo con tu esposo(a)? Hoy es un buen día para empezar a conocerse.

No se trata de mí

Una de las cosas que a los esposos les cuesta mucho entender, y por consecuencia aplicar, es el reconocer que la vida no se trata de uno mismo. Así es. Repítete en tu interior: "La vida no se trata de mí". Es importante dejar de ser YO para que Dios pueda ser Dios. Recuerdo que meses antes de casarme un amigo sacerdote me preguntó: "Juanjo, ¿y por qué te quieres casar?". Yo le contesté: "Porque quiero ser feliz". Entonces él me dijo algo que jamás lo olvidaré: "Si te casas para ser feliz, entonces no te cases". Obviamente esta respuesta me sorprendió, y después añadió algo que hasta hace pocos años empezó a tener más sentido: "Cásate para hacerla feliz y así, siendo feliz ella, entonces tú también serás feliz". La vida no se trata de mí, la vida consiste en darnos, en entregar la vida. Y dar la vida es dar tu tiempo.

En esta bella aventura llamada matrimonio habrá tiempos difíciles, crisis económicas, pero si se mantiene viva la intimidad, entonces comprenderemos que las dificultades no tienen porqué hacernos infelices. He llegado a la conclusión de que las épocas más difíciles son las mejores, ya que en ellas encontramos la oportunidad perfecta para refugiarnos en el Padre y solo confiar en Él. La mejor forma de enfrentar la adversidad en un matrimonio es de rodillas y juntos, implorando al Señor.

Lo que más desea el hombre es el amor que satisface y solo el amor y la misericordia de Dios puede llenarte. Una bella forma de experimentar este amor entre los esposos es cuando oran juntos. Decía San Agustín que la oración "es el encuentro de la sed de Dios y de la sed del hombre. Dios tiene sed de que el hombre tenga sed de Él" (Cf. San Agustín, quaest. 64, 4).[16] Dios también tiene sed de que los matrimonios tengan sed de Él. Cuando los esposos oran juntos se unen más como matrimonio y se unen más con el Señor. La oración los hace más humildes y se fomenta en ambos la honestidad. ¿Cuántos matrimonios han fracasado por callar, por no tener la humildad de reconocer su necesidad, sus faltas? La oración en el matrimonio es uno de los máximos actos de intimidad. La falta de tiempo es siempre la causa de la falta de oración.

Silencio para escuchar

No hace mucho tiempo conversaba con un muy buen amigo sacerdote y me compartía que en una ocasión llegó un matrimonio a platicar con él. Estos esposos tenían muchos problemas entre ellos. Al llegar el padre le pidió a la esposa que hablara y expusiera el problema, y así lo hizo. Al terminar de hablar la mujer el padre le preguntó al esposo: "Y usted ¿qué piensa?". El hombre empezó a compartir su historia, y al terminar de hablar, el padre le preguntó a la esposa: "Y usted ¿qué piensa?". Y de igual forma ella hizo comentarios. Así sucesivamente transcurrió la charla, lo único que decía el padre cuando uno de ellos terminaba de hablar era repetir la misma pregunta, "y usted ¿qué piensa?". Hasta que llegó el punto en que ellos mismos se pidieron perdón y se reconciliaron. El padre comentó: "Yo no hice nada, solo ayudé a que hablaran entre sí". ¡Cuidado con el silencio! El silencio es una forma de pelear de muchas parejas y al final de cuentas no soluciona nada. Tantos problemas y dificultades que se pudieran solucionar con el simple hecho de hablar, dialogar y escuchar. Desafortunadamente hoy muchos esposos prefieren cambiar de pareja que cambiar de opinión. Bien lo dice San Pa-

---

16. San Agustín, citado en el Catecismo de la Iglesia Católica, núm. 2560.

blo: "Cambien su forma de pensar para que cambien su forma de vivir" (Rm 12, 1-2).

La castidad en el matrimonio

Muchas personas hoy tienen un concepto equivocado en cuanto a la castidad en el matrimonio. Muchos la relacionan con la abstinencia sexual pero no hay que confundir la castidad con el celibato. Es necesario vivir la castidad en el matrimonio pero ¿cómo llevarla a cabo? Si quiero ser casto empezaré por ser fiel. Ser fiel es una decisión en la que me doy y me convierto en donación para el otro, a quien me entrego en cuerpo y alma. Sucede con frecuencia que muchas personas saben que su pareja ve programas o películas con contenido sexual y no dicen nada, pero ese acto en sí ya es una infidelidad que poco a poco destruye la relación.

Una persona casta ama con toda su alma y con todo su cuerpo, y se da de una forma exclusiva y sagrada a su esposo(a). La castidad consiste en verdaderamente SER y DARSE. Una persona casta cuida día a día su interior y busca refugio en el Señor. A diario busca renovar sus votos y vivir la fidelidad. Busca la santidad caminando junto al otro. Un matrimonio que vive la castidad es imagen de la unión de Dios con el hombre. Hoy el mundo miente al hacer creer que la sexualidad se debe vivir sin reglas y sin medidas. Me gusta mucho lo que dice el autor Jason Evert: "La castidad no se trata de una serie de reglas para no ir al infierno, es querer el cielo para la persona que amas" (Chastity project)[17].

La pornografía destruye matrimonios

La Academia Americana de Abogados Matrimoniales compartió una investigación sobre el papel que juega el internet y los sitios

---

17. Jason Evert and Chris Stefanick, *Raising Pure Teens: 10 Strategies to Protect (or Restore) Your Teenager's Innocence* (Arizona: Totus Tuus Press, LLC., 2017).

de pornografía en los divorcios. Los resultados indican que ya en el 2002, en el 56% de los divorcios que se produjeron ese año en los Estados Unidos, uno de los cónyuges tenía adicción a la pornografía[18]. Es una realidad que la pornografía es la forma moderna de llevar a cabo una infidelidad en tu matrimonio y sus efectos son bastante peligrosos como lo mencionamos en el capítulo anterior. Esta "nueva droga" no solo destruye al matrimonio sino también a la familia. El consumo de la pornografía provoca que uno de los cónyuges termine siendo tratado como objeto y no como persona.

El Padre Miguel Ángel Fuentes, sacerdote del Instituto del Verbo Encarnado (IVE), en su conferencia titulada "Incidencias de la pornografía en el matrimonio y la familia" (26 de mayo de 2015) explicaba: "La pornografía causa en el varón casado un aislamiento de su esposa, un menor interés en las relaciones sexuales normales, una menor apreciación de los valores morales, espirituales, afectivos y humanos de sus esposas y una concentración en el aspecto físico, y todo ello lo lleva al secretismo, a la mentira, a la doble vida. Al mismo tiempo, las esposas de los consumidores desarrollan profundas heridas psicológicas, caracterizadas por sentimientos de traición, desconfianza, devastación e ira. También comienzan a sentirse poco atractivas o sexualmente insatisfactorias y todo esto en muchas ocasiones termina en una depresión"[19]. Es importante no callar, es vital hablar y reconocer cuando se está en la situación que describe el padre. No permitas que esta mentira –la pornografía– destruya tu matrimonio y acabe con tu familia.

---

18. Jonathan Dedmon, "Is the Internet bad for your marriage? Online affairs, pornographic sites playing greater role in divorces," 2002, comunicado de prensa de la Academia Americana de Abogados Matrimoniales. Citado por Patrick F. Fagan, "The Effects of Pornography on Individuals, Marriage, Family, and Community", *frc.org*, diciembre de 2009, https://downloads.frc.org/EF/EF12D43.pdf

19. P. Miguel Ángel Fuentes, IVE, "Incidencias de la pornografía en el matrimonio y la familia", *observatorio.campus-virtual.org*, 26 de mayo de 2015, https://observatorio.campus-virtual.org/uploads/33889_Fuentes_Pornografia-matrimonio-2015.pdf.

Lucha siempre por la intimidad y castidad en tu matrimonio

En esta época en la que parece que la vida viaja a gran velocidad e intenta arrebatarnos el "poco" tiempo que tenemos, es necesario, hoy más que nunca, luchar por cuidar siempre el tiempo para darnos. Lucha día a día por ser casto, por hacer sentir a tu esposa(o) que es ella(él) a quien has elegido para siempre. No caigamos en la tentación de "multiplicarnos" en tanto compromiso social, amigos, trabajo, y dejar para nuestro cónyuge el tiempo que quede. Haz que tu esposa(o) tenga siempre la prioridad. La castidad solo puede vivirse y darse desde la verdad, por lo que tu vida deberá ser siempre transparente para tu esposa(o). No deberías tener nada qué ocultar, nada qué esconder de tu trabajo, de tus celulares. Recuerda: la castidad implica ser transparente, auténtico y verdadero.

Sobre este punto el Catecismo de la Iglesia Católica nos dice: "La castidad comporta el aprendizaje del dominio propio, que es una pedagogía de la libertad humana. La alternativa es clara: o el hombre comanda sus pasiones y obtiene la paz, o se deja subyugar por ellas y se vuelve infeliz" (CIC, 2339).

La historia del puercoespín

Hay una fábula muy interesante que cuenta que durante la edad de hielo muchos animales morían de frío. Lo que empezaron hacer algunas familias de animales era juntarse, amontonarse para darse calor unos a otros y así era como sobrevivían. Pero cuando los puercoespines intentaron hacer lo mismo, con las espinas de cada uno se lastimaban y se herían. Entonces se separaban, pero al hacerlo morían congelados. Así que tuvieron que tomar una decisión: o aceptaban las espinas de los compañeros o morían. Con sabiduría decidieron volver a unirse y de esa forma pudieron sobrevivir.

Estos puercoespines nos enseñan que para vivir hay que estar unidos a pesar de nuestros defectos; así como tenemos fallas también tenemos cualidades. En una ocasión leí algo muy cierto: "Un matrimonio perfecto consiste de dos personas imperfectas que se rehúsan a darse por vencidas". Dios creó el matrimonio y Jesús lo santificó al decir que "lo que Dios ha unido no lo separe el hombre" (Mt 19,6). Dice la Palabra que Jesús fue invitado a una boda (Jn 2,2), así que cada día tenemos la oportunidad de también invitarlo a nuestro matrimonio. La boda dura un momento mientras que el matrimonio es para siempre. Hoy es buen día para **no callar**, sino para hablar y pedirle a Dios la gracia de ser casto, auténtico, fiel y verdadero para con mi esposa(o). Habla, no tengas miedo. Recuerda que podemos estar ciegos, pero no mudos.

Preguntas de reflexión

1. ¿Cómo vivo la castidad en mi matrimonio?

2. Ahora que hemos explicado el término de intimidad, ¿cómo vivo la intimidad en mi matrimonio?

3. Mi matrimonio se enriquece más siempre que...

4. Mi matrimonio se debilita cuando...

5. ¿Qué empezaré a hacer diferente en mi matrimonio? ¿A qué me comprometo?

Capítulo 5
Evangelizar a través de la amistad

"Quien encuentra un amigo, encuentra un tesoro" (Si 6,14) ¿Cuántos amigos, o retomando el texto bíblico, cuántos tesoros tienes? Hay personas que solo te ayudan a pasarla bien, hay otros que te ayudan a ser feliz.

La palabra "testigo" en griego significa "mártir". Y ¿qué es ser mártir? Es sacrificar, ofrecer tu vida por aquello que profesas y crees. Mártir es aquel que entrega la vida por el amigo "porque no hay más grande amor que el que da la vida por su amigo" (Jn 15,13). Dar la vida es dar tu tiempo, esforzarte por aquel que necesita de Dios; es morir a todo y entregarte como un "sacrificio vivo, santo y agradable a Dios" (Rm 12,1).

Hoy urge que la ternura de Dios se haga una realidad en la vida de cada uno de nosotros ya que nuestra gente, nuestro mundo, añora un encuentro con la Verdad. Hoy es por la amistad que estamos llamados a evangelizar, pero tristemente parece que nos importa más la amistad que el amigo, ya que en muchas ocasiones preferimos callar y no decir la Verdad por temor de afectar la amistad. El amigo siempre dirá la verdad aunque duela y nos sacará de nuestros engaños. Él nos ayuda a desenmascarar al enemigo, a ver el pecado en nosotros. "Fieles son las heridas del amigo, pero engañosos los besos del enemigo" (Pr 27, 6). Es tan importante tener amigos que nos hablen con honestidad (Mt 18, 15), con compasión (Ga 6,1), que nos digan la verdad aún cuando no queramos escucharla (Ef 4, 15). Que el abandonar este tipo de amigos nunca sea una opción en nuestra vida.

Los verdaderos amigos nos llevan a Dios en los momentos más difíciles, en nuestra debilidad.

51

"Y unos hombres trajeron en una camilla a un hombre que estaba paralítico; y trataban de meterlo y ponerlo delante de Jesús. No hallando cómo introducirlo debido a la multitud, subieron a la azotea y lo bajaron con la camilla a través del techo, poniéndolo en medio, delante de Jesús" (Lc 5, 18-19). Es interesante leer lo que sigue en este evangelio, ya que lo primero que le dice Jesús al paralítico no es "levántate", sino "tus pecados te son perdonados". Jesús primero lo sanó y después lo curó. Quiero pensar que nuestro Señor, antes de ver la parálisis de aquel hombre, vio la fe de estos amigos. Si realmente busco la conversión de un amigo, no me debo limitar solo a rezar por él/ella, sino que debo involucrarme en su conversión. San Juan Pablo II, en la IV Jornada Mundial de la Juventud, dijo: "Ser cristianos, quiere decir ser misioneros y ser apóstoles. No es suficiente descubrir a Cristo, ¡hay que llevarlo a los demás!"[20].

Desde el año 2004 he tenido la bendición de pertenecer a una comunidad compuesta por hermanos de diferentes parroquias que nos reunimos cada martes para crecer en la fe y la hermandad. El hecho de convivir con estos grandes hermanos cada semana me ha ayudado a darle sentido a lo que nos dice el Señor: "No es bueno que el hombre esté solo" (Gn 2,18). En muchas ocasiones yo he sido ese paralítico que ha tenido que ser llevado por sus amigos al campo de la esperanza, y también en ocasiones, junto a otros hermanos, me ha tocado llevar en camilla a quienes lo han necesitado en momentos realmente difíciles. Recientemente se han ordenado tres diáconos de la comunidad en la que participo, para la gloria del Señor. Arriesgarme a caminar solo por este mundo que le ha declarado la guerra a Dios es prácticamente un acto suicida, bien dicen por ahí que "el peligro para la oveja no es el lobo, sino el alejarse del rebaño". No olvidemos que seguir a Cristo implica llevar a otros a Él, y llevar a otros a Cristo es el acto de misericordia más grande que podemos hacer.

---

20. "Mensaje de Juan Pablo II para la IV Jornada Mundial de la Juventud", *vatican.va*, 27 de noviembre de 1988, https://www.vatican.va/content/john-paul-ii/es/messages/youth/documents/hf_jp-ii_mes_27111988_iv-world-youth-day.html.

Los nuevos "amigos"

Hoy la sociedad define a la *amistad* por medio de las redes sociales. Es increíble que en ellas llamemos "amigos" a miles de personas a quienes nunca les hemos visto la cara. Esta nueva forma de comunicación carece del contacto personal, el cual es esencial para vivir plenamente una amistad. Hoy se tienen miles de amigos en las redes sociales y, sin embargo, se vive en una aguda soledad. Creo que antes los amigos eran "limitados" hasta que llegaron las redes sociales, hasta que llegó el Facebook. En este tipo de plataformas no es tanto que se tengan amigos, lo que se tiene en realidad son contactos, y este tipo de relación cibernética está cambiando las relaciones entre las personas.

Mucho de lo que publican en sus redes los "amigos" es una máscara de lo que las personas realmente son. Nunca se llega a conocer a este tipo de "amigo" como es de verdad. Me he dado cuenta de que las personas que participan en las redes sociales se preocupan más por verse bien que por estar bien. Vemos a muchas de ellas aparentemente viviendo una vida llena de alegría y aventura, pero muestran una imagen falsa; es común que detrás de esa sonrisa no haya una felicidad real. Es importante ayudar al amigo a que no se conforme con fingir felicidad sino motivarlo a buscarla, esa felicidad que solo da el Señor. No valores tu vida según los *likes* que recibes, tú vales la sangre de Jesús.

Un gran número de los usuarios en las redes sociales se han convertido en adictos a la admiración. Si corres 15 kilómetros buscas que la gente te admire, que te aplauda. Si estás a punto de comerte un buen corte de carne primero le tomas una foto y luego la compartes en tu página. Si quieres publicar una foto tuya primero te tomas 15, escoges la mejor y la arreglas un poquito andes de enviarla. Nos hemos obsesionado y queremos compartir casi todo lo que hacemos, pero creo que en muchas ocasiones olvidamos que muchos de nuestros momentos y experiencias no son para compartirse, sino para disfrutarse con las personas con quienes nos encontremos.

Antes la forma de comunicarse e interactuar con los amigos era distinta. Por ejemplo, si alguien cumplía años se le hablaba por teléfono, se le cantaba las mañanitas, y de ser posible se visitaba al festejado para darle su abrazo de cumpleaños. Hoy nos limitamos a enviar un mensaje por WhatsApp o felicitarlo en su página en redes sociales. Ahora ya casi no se habla, ahora se envían textos, incluso si quieres decir cómo te encuentras envías un *emoticon*, que es una imagen que indica un estado de ánimo y se representa mediante una pequeña cara.

En los últimos años hemos visto casos de celebridades con miles de "amigos" que han llegado al suicidio, tal como sucedió con Anthony Bourdain, famoso chef y conductor del programa de televisión "No Reservations", y con la conocida diseñadora Kate Spade. La organización CDC (Centros para el Control y Prevención de Enfermedades) en Estados Unidos, publicó que en este país se llevaron a cabo 45,000 suicidios en el 2016[21]. El número aumentó a 48,344 en el 2018 y, aunque la diferencia en ese lapso es apenas del 7% el incremento de muertes por suicidio desde 1999 a 2020 ha sido del 35%[22]. La Organización Mundial de la Salud (OMS) publicó que la depresión "es la cuarta causa principal de enfermedad y discapacidad entre adolescentes entre los 15 y 19 años, y la décimo quinta para los de 10 a 14 años" y que en el peor de los casos "puede llevar a la muerte"[23].

La necesidad del amigo

En una ocasión escuché decir que "más vale perder el tiempo con los amigos que perder a los amigos con el tiempo". Esto significa que para mantener viva una amistad es necesario darnos,

21. "Suicide rising across the US", *cdc.gob*, 7 de junio de 2018, https://www.cdc.gov/vitalsigns/suicide/index.html.

22. Alia E. Dastagir, "More and more Americans are dying by suicide. What are we missing?", *usatoday.com*, 30 de enero de 2020, https://www.usatoday.com/story/news/nation/2020/01/30/u-s-suicide-rate-rose-again-2018-how-can-suicide-prevention-save-lives/4616479002/.

23. "Adolescent mental health", *who.int*, 28 de septiembre de 2020, https://www.who.int/news-room/fact-sheets/detail/adolescent-mental-health.

dar nuestro tiempo. No se puede vivir sin amigos, la amistad es indispensable en nuestra existencia pues todo ser humano tiene la necesidad de amar y ser amado. La amistad es además un don, en otras palabras, un regalo de Dios, y Jesús es el modelo perfecto del amigo. Escuchamos en los evangelios decir: "Y llamó a los que él quiso, y se reunieron con él. Así instituyó a los Doce (a los que llamó también apóstoles), para que estuvieran con él (…)" (Mc 3, 13-14). Y también se atrevió a decirles: "Ahora ya no los llamo siervos (…) ahora los llamo amigos" (Jn 15,15). La "necesidad" de Jesús no es de que le sirvas sino de tu amistad, de que lo ames, eso es lo primero que busca de ti y de mí.

Joni Eareckson Tada en su libro "Friendship Unlimited", describe a cuatro tipos de amigos: *conocidos, casuales, cercanos e íntimos.* Los *conocidos* son los que vemos allá de vez en cuando y a lo mejor un día nos detenemos a saludarlos. Los *casuales* son los que nos visitan algunas veces. Los *cercanos* son con los que compartimos más a menudo, nos frecuentamos, nos buscamos. Finalmente los *íntimos* son los que dan todo por el amigo, lloran y ríen con él. Son a los que ves como a un hermano; como dirían en inglés, "they go the extra mile". Es vital e importante tener esos amigos que van contigo ayudándote a cargar la cruz, pero también es necesario que tú te conviertas en ese tipo de amigo, que tú seas el que esté dispuesto a darte por esa persona que el Señor ha puesto en tu camino.

En inglés hay una frase que me gusta mucho: "Life is about relationships" (La vida se trata de relaciones). En otras palabras, la vida consiste en relacionarse con otros, sin embargo, veo que cada vez más el hombre busca quedarse solo. Cada vez son más los contactos que se tienen pero menos los amigos, los matrimonios tienen menos hijos, incluso algunos han optado por mejor tener mascotas. Dentro de cada uno de nosotros hay un anhelo de poder relacionarnos con otras personas, de que nos conozcan y de que nos acepten. Hay un deseo de tener amigos que nos inviten y nos provoquen a dar lo mejor de nosotros. Qué tan importante es relacionarnos con el otro que incluso el Señor nos ha hecho para relacionarnos con Él.

Hace poco, estudiando la Teología del Cuerpo de San Juan Pablo II, aprendí algo muy interesante que también podemos aplicarlo a la amistad: el Santo Padre decía que lo contrario al amor no es el odio sino el "uso". Usar a la otra persona simplemente como un objeto, es tan indignante como buscar a alguien porque tiene dinero, bienes, posición social, o como ignorar a otro por no tenerlo. El amor es nuestra necesidad y una parte de ese amor lo encontramos en el amigo. "Podemos curar las enfermedades físicas con la medicina, pero la única cura para la soledad, la desesperación y la falta de esperanza es el amor" (Madre Teresa de Calcuta, "Camino de sencillez")[24].

Corregir es amar

En Mt 18,15 escuchamos decir a Jesús: "Si tu hermano peca, ve y corrígelo en privado". Este acto de amor demuestra un interés mayor por el amigo que por la amistad, como lo mencionamos anteriormente. Es una realidad que no a todos nos gusta que se nos corrija ya que de alguna forma "hiere" a nuestra vanidad, pero no olvidemos que el amor auténtico no hace daño. La corrección deberá ser siempre un acto de amor y ha de llevarse a cabo en privado para no atentar contra la dignidad y dañar la imagen del amigo.

Es importante estar consciente y saber distinguir entre lo que es una corrección y un reproche: la corrección siempre tendrá que ser inspirada en el amor, mientras que el reproche provocará una herida en el amigo. Hay que ver a la corrección como un acto de misericordia que ayuda al amigo a ser libre. Que no se nos olvide que somos también responsables de la vida de nuestros amigos; el Señor hoy nos vuelve a hacer la pregunta que le hizo a Caín: "¿Dónde está tu hermano?" (Gn 4,9). Ser un amigo es tener a la vez la necesidad de ayudar y de convertirse en hogar para otro. Me gusta mucho cómo Elredo de Rieval describe a la amistad: "... es la riqueza de quien es pobre, la medicina de quien está en-

---

24. Madre Teresa de Calcuta, *Camino de sencillez* (Barcelona: Planeta, 2002).

fermo, la fuerza de quien es débil..." ("La amistad espiritual")[25].

Que a través de la amistad podamos dar testimonio de que hay esperanza, de que la vida es bella, pero sobre todo de que Jesús vive. "Y sabrán que son mis discípulos por la forma en que se aman" (Jn 13, 35).

---

25. Elredo de Rieval, *La amistad espiritual* (España: Monte Carmelo, 2002).

Preguntas reflexión

1. ¿Quiénes son los amigos que hoy en día me llevan a Jesús?

2. ¿Me preocupa más la amistad o el amigo? ¿Por qué?

3. ¿De qué manera algunas amistades han tenido un impacto en mi vida y de qué manera he impactado yo la de otros?

4. ¿Prefiero ser primero siervo o amigo de Jesús? ¿Por qué?

5. ¿De qué forma las redes sociales han beneficiado o afectado tu relación con tus amigos?

Capítulo 6
Evangelizando la cultura

Una de las realidades que enfrentamos hoy es la ruptura que existe entre la fe y la cultura. La cultura es fundamental en la vida de cada persona ya que a través de ella aprendemos a apreciar lo bello y nos formamos en los valores. Es una pieza importante dentro del plan de Dios, es un medio para formarnos como seres humanos. Su Santidad San Pablo VI, ya en la exhortación apostólica *Evangelii Nuntiandi*, hacía un llamado a enfrentar el reto y llevar a cabo la evangelización de la cultura y de las culturas. En esta carta S.S. Pablo VI se refiere a la cultura como una forma en que los hombres desarrollan su relación con la naturaleza, entre sí mismos y con Dios.

El Padre Fernando Miguens señala también que la cultura es un medio para la evangelización: "Desde los orígenes, el anuncio de la fe ha sido siempre expresado en el ámbito de la cultura propia de aquellos a quienes va dirigido. Con eso no se ha tratado jamás de cambiar el Evangelio, sino sólo de hacer comprensible, en las categorías contemporáneas a cada generación, el único mensaje de salvación. Presentar el Evangelio para que penetre en lo íntimo del hombre, exige estar atento a los cambios culturales que se suceden en nuestras sociedades"[26].

En estos tiempos vemos cómo el conocimiento y la cultura han sufrido una secularización. La ciencia se ha convertido en la fuente del conocimiento para muchos, y lamentablemente gran parte de las ideas que encontramos en la ciencia van contra la doctrina de la Iglesia. S.S. Juan Pablo II decía: "Ya desde el comienzo de mi pontificado, vengo pensando que el diálogo de

---

26. Fernando Miguens Dedyn, *Fe y cultura en Juan Pablo II* (España: Ediciones Palabra, 1994).

la Iglesia con las culturas de nuestro tiempo es un campo vital, donde se juega el destino del mundo en este ocaso del siglo XX"[27].Es por eso que la fe, hoy más que nunca, debe encarnarse en las culturas de forma que el Evangelio pueda ser más relevante para las nuevas generaciones. Si la fe logra penetrar en los corazones de las culturas, entonces la cultura podrá ser vivida de una forma diferente, más humana, y esto ayudaría al hombre a alcanzar a la vez su plenitud como ser humano.

Años atrás los valores se compartían a los jóvenes por la influencia que los adultos tenían sobre ellos, pero ahora los tiempos han cambiado y los jóvenes han adoptado una nueva cultura y unos nuevos valores. Los adultos dejaron de tener ese "control" que antes tenían. Hoy nuestros jóvenes se desenvuelven en una cultura que le rinde culto al cuerpo, a la moda, al consumismo, a la imagen, a la belleza y a la apariencia, entre otros aspectos. El Padre Robert Spitzer (jesuita) aportó unos datos bastante interesantes en los que mencionaba que cada vez más los *Millennials* se declaran ateos. En el 2005, en los Estados Unidos, aproximadamente el 25 % de esta generación manifestó que no creía en Dios. En el 2016 la cifra aumentó a un 36% y se espera que en 15 años la mitad de esta generación se considere atea[28].

Pero ¿**cómo no callar** ante estas nuevas culturas? Hoy nuestros jóvenes, nuestros hijos, están hambrientos de una fe sólida. Tienen hambre de escuchar no un código de dogmas, sino de ver en ti y en mí una fe basada en la experiencia personal con Cristo. Estas nuevas generaciones creerán no por las palabras que les compartamos sino por la experiencia que vivamos a diario, con nuestro testimonio, con nuestro ejemplo. No se trata de ser reporteros, sino testigos. Ser testigo es compartir cotidianamente lo que se ha encontrado y lo que se busca vivir cada día. De esta

27. Juan Pablo II, "Carta por la que se instituye el Consejo Pontificio para la Cultura", 20 de mayo de 1982, https://www.vatican.va/content/john-paul-ii/es/letters/1982/documents/hf_jp-ii_let_19820520_foundation-letter.html.
28. Connor Malloy, "The four things keeping millennials from finding God, according to Fr. Spitzer",*catholicworldreport.com*, 29 de febrero de 2016, https://www.catholicworldreport.com/2016/02/29/the-four-things-keeping-millennials-from-finding-god-according-to-fr-spitzer/.

forma nuestras palabras entonces podrán ser creíbles y *así otros hermanos podrán experimentar lo que aquellos hombres compartieron con la samaritana:* "Ya no creemos por tus palabras, sino que nosotros mismos hemos oído y sabemos que este es verdaderamente el Salvador del mundo" (Jn 4, 42).

Falta de coherencia

"El peligro del cristiano es predicar y no practicar, es creer y no vivir de acuerdo a lo que se cree" (San Antonio de Padua). La falta de coherencia es un grave problema que hoy vivimos, desafortunadamente entre muchos de nosotros la prédica no va acompañada con el ejemplo. No basta solamente participar en nuestra misa dominical, hay que ser coherente con la fe en todo lo que se hace. Si soy realmente coherente entonces dejo a Cristo reinar en las fiestas, en el noviazgo, en las diversiones, en el deporte, en el trabajo, en la música. No podemos ser cristianos y a la vez consumir "pornografía musical", como podríamos describir a mucha de la música que hoy está de moda. Hagamos que nuestros actos siempre revelen nuestros principios, y nuestras palabras la Verdad. Como dijo el Papa Francisco: "Pensar, sentir y vivir como cristiano, y no pensar como cristiano y vivir como pagano"[29]. Que el Señor nos dé la gracia para que con nuestro vivir provoquemos en otros el deseo de tener ese encuentro personal con Jesús.

La cultura de la muerte

Muy probablemente has escuchado el término "cultura de la muerte". Este concepto se refiere a una mentalidad distinta de ver al ser humano y el mundo. Esta nueva cultura promueve la destrucción de la vida humana especialmente de los más débiles e inocentes. Aquellos que no tienen voz son pisoteados por los

---

29. Papa Francisco, "Fiesta de San Esteban protomártir", *vatican.va,* 26 de diciembre de 2014, https://www.vatican.va/content/francesco/es/angelus/2014/documents/papa-francesco_angelus_20141226.html.

que sí tienen. El término *cultura de la muerte* lo escuchamos por primera vez por parte de S.S. Juan Pablo II en su encíclica *El Evangelio de la Vida*, publicada en marzo de 1995. En ella dice lo siguiente: "Con las nuevas perspectivas abiertas por el progreso científico y tecnológico surgen formas de agresión contra la dignidad del ser humano, a la vez que se va delineando y consolidando una nueva situación cultural, que confiere a los atentados contra la vida un *aspecto inédito y –podría decirse– aún más inicuo* ocasionando ulteriores y graves preocupaciones: amplios sectores de la opinión pública justifican algunos atentados contra la vida en nombre de los derechos de la libertad individual, y sobre este presupuesto pretenden no sólo la impunidad, sino incluso la autorización por parte del Estado, con el fin de practicarlos con absoluta libertad y además con la intervención gratuita de las estructuras sanitarias" (núm. 4)[30].

En esta encíclica Juan Pablo II explica que lo inédito de esta nueva "cultura" es que una gran parte de la sociedad la aprueba, la justifica. En muchos países el gobierno ha legalizado el aborto, la eutanasia y la manipulación de embriones con el pretexto de reconocer una libertad individual. En el año 2016, en Estados Unidos, un gran sector político y mucha de la población aprobaban la idea de que se permitiera llevar a cabo el aborto hasta la etapa de los nueve meses de embarazo. Pero tú y yo podemos ser la voz de los que no tienen voz. Sé que muchos, por no decir casi todos mis hermanos de fe, están a favor de la vida, y hemos sido testigos de cómo muchos cristianos han salido a la calle prestando su voz a aquellos que no la tienen para defender su derecho a la vida. Esta valentía ha detenido el genocidio que se intenta llevar cabo en muchos países. Pero si tú callas a pesar de estar a favor de la vida, ¡te conviertes en cómplice de esta "cultura de la muerte" ya que callar es traicionar! La Madre Teresa de Calcuta en una ocasión dijo: "La sociedad que no es capaz de defender al no nacido no es capaz de defender a nadie". Defendamos la vida desde la concepción hasta la muerte natural.

---

30. Juan Pablo II. *Carta encíclica Evangelium Vitae, vatican.va,* 25 de marzo de 1995, https://www.vatican.va/content/john-paul-ii/es/encyclicals/documents/hf_jp-ii_enc_25031995_evangelium-vitae.html.

El desafío del posmodernismo

Esta era inicia en los años 60 y su filosofía afirma que no hay una verdad absoluta, principalmente en aspectos que tienen que ver con religión. Su argumento consiste en decir algo como: "Si para ti esto es verdad, pues para mí no". Cada quien crea su propia verdad, la cual se basa en la interpretación personal. Un gran peligro que trae consigo esta filosofía es que si no existe una verdad absoluta entonces cualquier creencia deberá ser válida; a esto es a lo que le llamamos pluralismo. Jesús dijo: "Yo soy el Camino, LA VERDAD y la Vida" (Jn 14,6). *La Verdad,* no "una" verdad, *el Camino*, no "un" camino... Jesús en el Evangelio de San Juan (18, 37) afirma que Él ha venido "para dar testimonio de la verdad".

¿Pero cómo enfrentar este desafío que presenta el posmodernismo/relativismo? Su Santidad Benedicto XVI planteaba que la respuesta es **la caridad** (Carta Encíclica *Caritas in veritate*). Poner en práctica la caridad es lo que nos da credibilidad como cristianos. Hoy muchos **buenos**, muchos cristianos, viven en lo que se le conoce como "relativismo práctico", que consiste en vivir como si Dios no existiera, como si no hubiera pobres, es vivir de una forma muy egoísta. Pero la caridad nos debe hacer voltear y ver al que sufre, nos ayuda a no ser indiferentes.

Nuestro mundo está hambriento de hombres y mujeres que sean capaces de renunciar a sí mismos para así poder abrazar al prójimo, y no solo abrazarlo, sino amarlo y perdonarlo. San Josemaría Escrivá lo dice de esta forma: "Cuando tu egoísmo te aparta del común afán por el bienestar sano y santo de los hombres, cuando te haces calculador y no te conmueves ante las miserias materiales o morales de tus prójimos, me obligas a echarte en cara algo muy fuerte, para que reacciones: si no sientes la bendita fraternidad con tus hermanos los hombres, y vives al margen de la gran familia cristiana, eres un pobre inclusero" (Surco, núm. 16)[31].

---

31. San Josemaría Escrivá, *Surco* (México, D.F.: Mi-Nos, México D.F., 1987), https://www.escrivaobras.org/book/surco-punto-16.htm.

Una de las características que empezamos a ver cada vez más en muchas personas, es la deshumanización. Una noche veía las noticias y me tocó ver una en la que informaban que un hombre intentó cruzar nadando un pequeño lago, pero al llegar a la mitad se cansó, ya no pudo nadar y empezó a gritar pidiendo auxilio. Ahí se encontraba un grupo de jóvenes que al ver lo que sucedía en vez de ayudarlo empezaron a grabar con su celular el hecho. En la grabación incluso se escucha a estos muchachos decir "esto le pasa por meterse al agua sin saber nadar", y hasta se les escucha reír. Aquel hecho trágico se convertía en entretenimiento para ellos. Finalmente aquel hombre murió ahogado, pero bien pudo haber sido salvado por estos jóvenes.

El consumismo

El consumismo es otra tendencia que afecta enormemente a nuestra sociedad y hoy podemos ver cómo la cultura del consumo cada vez consume a más personas, valga la redundancia. Hay que tener cuidado con el CONSUMISMO QUE NOS CONSUME. Hoy los productos que se compran forman parte de la identidad de una persona. Ahora somos la chamarra que tenemos, la marca de tenis que usamos, el auto que conducimos. Dentro de la filosofía del consumismo las personas piensan que mientras más se consume más feliz se es. En muchos casos se compran ciertos productos por el simple hecho de que están en oferta pero no porque se necesitan, y cuando esto ocurre la persona sigue *con-su-mismo* vacío.

En una de sus homilías matutinas el Papa Francisco se refería al consumismo como una enfermedad: "Siempre comprar cosas, tener, es una gran enfermedad (…) gastar más de lo necesario, la falta de austeridad en la vida: es enemigo de la generosidad"[32]. En su exhortación apostólica *Evangelii Gaudium* ("El Gozo del

32. Debora Donnini, "El Papa: la generosidad de las pequeñas cosas ensancha el corazón, cuidado al consumismo", *vaticannews.va*, 26 noviembre 2018, https://www.vaticannews.va/es/papa-francisco/misa-santa-marta/2018-11/papa-francisco-misa-santa-marta-homilia-consumismo-generosidad.html.

Evangelio"), el Papa Francisco comenta que: "El gran riesgo del mundo actual, con su múltiple y abrumadora oferta de consumo, es una tristeza individualista que brota del corazón cómodo y avaro, de la búsqueda enfermiza de placeres superficiales, de la conciencia aislada" (núm. 2)[33]. Cuentan que Sócrates de vez en cuando iba al mercado de Atenas y al ver todo lo que había allí decía: "Me encanta ver tantas cosas que no necesito para ser feliz".

Hoy muchas personas, presas del consumismo, están obsesionadas por su apariencia, estatus, el poseer. El mercado te impulsa a actuar y después pensar, en otras palabras, compra y después pregúntate para qué lo compraste. Existe una gran diferencia en cuanto a consumir para satisfacer nuestras necesidades y consumir por consumir. Si analizáramos fríamente las cosas que compramos quizá nos daríamos cuenta de que en realidad es poco lo que necesitamos para vivir. En el siglo 13, San Francisco de Asís se dio cuenta de que en la época de Navidad la gente empezaba a perder el sentido de esa festividad. Por eso este santo decidió hacer por primera vez un nacimiento viviente en la ciudad de Greccio, Italia, para que las personas recordaran el verdadero sentido de la Navidad. Lo que motivó a este santo a inventar el nacimiento fue el mostrar a la gente de su tiempo la forma humilde en que nació Jesús. El mismo San Francisco lo expresó así: "Me gustaría representar al Niño nacido en Belén, y de alguna manera ver, con los ojos del cuerpo, las incomodidades a las que tuvo que enfrentarse **debido a la carencia de cosas necesarias para un recién nacido**, cómo tuvo que estar en un pesebre, tumbado en el heno entre un buey y un asno"[34]. Como vemos, Jesús nos puso el ejemplo de que incluso Él siendo el Rey del Universo nació en un entorno humilde, sin lujos ni comodidades, sin cosas que muchos consideraríamos

33. Papa Francisco, *Exhortación apostólica Evangelii Gaudium, vatican.va*, 24 de noviembre de 2013, https://www.vatican.va/content/francesco/es/apost_exhortations/documents/papa-francesco_esortazione-ap_20131124_evangelii-gaudium.html.
34. "San Francisco de Asís ideó el primer belén, tenía unos objetivos y entonces se cumplieron: ¿y ahora?", *religionenlibertad.com*, 18 de diciembre de 2017, https://www.religionenlibertad.com/cultura/61161/san-francisco-asis-ideo-primer-belen-tenia-unos-objetivos.html.

indispensables y que no necesariamente lo son.

Tristemente muchas personas encuentran el sentido de la vida en el consumismo, pero recuerda que el verdadero sentido de la vida se encuentra dentro de ti. Se descubre en las relaciones humanas, en el convivir con el otro, en el compartir con los amigos y con los que convivimos a diario. La identidad no te la da un producto, te la da el Señor.

¿Pero cómo evangelizar a la cultura?

La Buena Nueva sigue siendo actual y necesaria sin importar la cultura en la que se comparta. Para evangelizar hoy en día es necesario primero conocer el mundo y el aspecto cultural de la sociedad que se quiere evangelizar. Con esto no se trata de cambiar el mensaje, pero sí de cambiar la forma, el método con el que se quiere hacer para que la transmisión del mensaje sea más efectiva. Bien lo decía Juan Pablo II cuando hablaba de la Nueva Evangelización: "Nueva en su ardor, en sus métodos, en su expresión"[35].

Una de las cosas que no podemos olvidar es que nuestra labor no se trata de convencer a las personas sino de manifestar la verdad. Jesús nos enseña cómo llevar a cabo esta tarea: debemos respetar la libertad de las otras personas sin llegar al punto de obligar. Hay que vivir lo que creemos dando testimonio de quien somos, sin tener miedo de ser criticados. Nuestro trato con los demás se deberá distinguir siempre por la caridad, ya que hoy las personas carecen de amor, ternura, afecto y comprensión.

Un santo en la taquería

Recuerdo que un viernes por la noche decidimos ir a una ta-

---

35. Juan Pablo II, "Discurso del santo padre Juan Pablo II a la asamblea del CELAM", *vatican.va*, 9 de marzo de 1983, https://www.vatican.va/content/john-paul-ii/es/speeches/1983/march/documents/hf_jp-ii_spe_19830309_assemblea-celam.html.

quería en familia. Mientras platicábamos vi a entrar a un joven con una guitarra más vieja que la historia y empezó a cantar buscando ganarse una propina. A los pocos minutos entró otro joven que tenía una sonrisa contagiosa; llevaba dulces y tamarindos que empezó a vender a las personas que cenaban ahí esa noche. Cuando pasó por nuestra mesa simplemente le dije, "no, muchas gracias", pero mi hija Ana María como de costumbre nos dijo: "Mamá, papá, denme dinero para comprarle algo, él necesita nuestra ayuda". Nos convenció y le compró un dulce al muchacho. Ana María estaba feliz, no tanto por su dulce sino por el hecho de haberle ayudado a este joven. Esa noche prácticamente la venta de ese muchacho fue muy pobre.

Mientras tanto el otro joven que cantaba y cantaba corría con la misma suerte, casi no obtenía propinas. Algo llamó mi atención y la de mi esposa que nos hizo seguir con la mirada al joven vendedor de dulces que caminaba hacia la salida de la taquería: de repente, al pasar justo por donde estaba el cantante, sacó la venta de su bolsa y se la dio. Pero no solo se la dio, sino que lo hizo con una alegría difícil de describir. La reacción del cantante fue de asombro, al igual que la nuestra. Mi familia y yo nos mirábamos unos a otros sin decirnos nada. Esa noche fuimos testigos de un acto bello, tanto que a mi hijo Daniel se le salieron las lágrimas. El hecho nos hizo recordar el pasaje de los evangelios cuando aquella pobre viuda dio de lo que tenía. El joven vendedor, sin decir una sola palabra, muy seguramente tocó las fibras del corazón de este cantor y el de nosotros. De regreso a casa dábamos gracias a Dios por haber sido testigos de este bello acto de caridad.

"Una fe que no se hace cultura es una fe no plenamente acogida, no totalmente pensada, no fielmente vivida" (San Juan Pablo II)[36]. Sigamos el ejemplo de Nuestra Virgen de Guadalupe y pidamos a Dios que con la ayuda del Espíritu Santo podamos *encarnar* el Evangelio en nuestra cultura.

---

36. Juan Pablo II, "Carta por la que se instituye el Consejo Pontificio para la Cultura", *vatican.va*, 20 de mayo de 1982, https://www.vatican.va/content/john-paul-ii/es/letters/1982/documents/hf_jp-ii_let_19820520_foundation-letter.html.

Preguntas de reflexión

1. ¿Cómo evangelizar a una cultura que cada vez se aleja más de Dios?

2. ¿He permitido que el consumismo me consuma?

3. ¿Qué enseñanza me deja "el santo de la taquería" y qué me invita hacer?

4. ¿Qué hacer para realmente vivir de acuerdo con lo que creo y practicando lo que predico?

Capítulo 7
Punto de partida

El encuentro personal con Cristo

El Santo Padre Benedicto XVI dijo: "No se comienza a ser cristiano por una decisión ética o una gran idea, sino por el encuentro con un acontecimiento, con una Persona, que da un nuevo horizonte a la vida y, con ello, una orientación decisiva" (Encíclica *Dios es amor*)[37].

El verdadero encuentro con Jesús es transformador. Al encontrarme con Él, experimento su amor y su misericordia. Quizás en nuestro caminar hemos tenido experiencias con el Señor, pero tal vez nunca un *encuentro*, y lo cierto es que existe una gran diferencia entre ambos. Cuando se ha tenido un verdadero *encuentro* con Él ya no hace falta la experiencia, la emoción, sino que solo estar con Él basta.

Dentro del plan de Dios estamos llamados no simplemente a ser buenos, sino a ser radicales. El verdadero encuentro con Cristo nos invita a una constante conversión personal, y a la vez genera en nosotros un celo por cambiar todo aquello que va en contra de la voluntad de Dios. El mundo en que nos ha tocado vivir se aleja más y más de Dios a grandes pasos, y mientras más se aleja, los retos a los que nos enfrentamos cada día para anunciar la Buena Nueva también aumentan. Por eso, es fundamental estar conscientes de que esta lucha no la enfrentamos solos; recordemos lo que nos dice Deuteronomio 20,1: "Cuando salgas a la batalla contra tus enemigos…no tengas temor de ellos, porque

37. Papa Benedicto XVI, *Carta Encíclica Deus Caritas Est, vatican.va,* 25 de diciembre de 2005, https://www.vatican.va/content/benedict-xvi/es/encyclicals/documents/hf_ben-xvi_enc_20051225_deus-caritas-est.html.

el Señor tu Dios que te saca de la tierra de Egipto está contigo". Tu lucha es Su lucha, y si "Dios está con nosotros, ¿quién contra nosotros?" (Rm 8, 31).

La conversión en sí consiste en BUSCAR a Dios y hacerlo todos los días; hay que buscarlo pero con el deseo de encontrarlo, como lo vemos en Jeremías 29, 13: "Y me buscarán y me encontrarán porque me buscarán de todo corazón". Entonces, la clave para encontrarlo no consiste solo en buscarlo, sino en poner todo el corazón en esta búsqueda. En este *encuentro* Él es el que nos encuentra ya que nosotros somos los perdidos.

La transformación de nuestra sociedad inicia con la transformación personal. Al dejar que la luz de Cristo brille sobre mí, entonces seré capaz de iluminar a los que me rodean, por eso, su Santidad Benedicto XVI en una ocasión dijo a los jóvenes: "Los santos, como hemos dicho, son los verdaderos reformadores" (XX Jornada Mundial de la Juventud, Colonia 2005)[38]. Aquel que realmente busca esa santidad se abre a recibir la luz de Cristo. Si el mundo vive en tinieblas, en gran parte es porque esa luz que hemos recibido la tenemos guardada bajo la mesa de nuestros miedos, bajo el techo de nuestra pereza y dentro del clóset de nuestra indiferencia.

Como lo mencioné anteriormente, por mucho tiempo pensé que el entregarme al Señor prácticamente me apartaría del mundo, pero sucede totalmente lo contrario, me hace estar más presente en él. Ya no soy yo sino es Él quien vive en mí (Cfr. Ga 2,20). Recuerda que el Señor no te pide mucho, te pide TODO. San Lucas lo narra muy detallado al decir: "Y dejando todo lo siguieron" (Lc 5, 11).

¿Enamorado de quién?

---

38. Benedicto XVI, "Viaje apostólico a Colonia del Santo Padre Benedicto XVI con motivo de la XX Jornada Mundial de la Juventud (18-21 de agosto de 2005). Vigilia con los jóvenes", *vatican.va*, 20 de agosto de 2005, https://www.vatican.va/content/benedict-xvi/es/speeches/2005/august/documents/hf_ben-xvi_spe_20050820_vigil-wyd.html.

En 1993 comenzamos a evangelizar a través de la música dando conciertos. Muy pronto empezamos a viajar y a "ser conocidos". Once años más tarde, deseaba ser la persona que la gente pensaba que era. Todos creían que realmente estaba enamorado de Dios, pero la realidad no era precisamente esa, estaba enamorado del servicio a Él. Muchas veces pensamos que el Señor nos ha llamado para que le sirvamos, pero la verdad es que Dios no te ha llamado para que le sirvas, Él te ha llamado para que lo ames. Como dice su palabra: "Y llamó a sus discípulos para que estuvieran con Él y después los envió" (Cfr. Mc 3, 13-14). El Señor nos invita a SER para después HACER, nos invita a ser discípulos para después ser apóstoles (enviados).

Recordemos a Marta y María, una está preocupada y la otra ocupada. Una trabaja en limpiar la casa para Jesús, mientras María a los pies del Maestro lo escucha y lo contempla. Las dos acciones son importantes, pero aquí Jesús nos indica cuál es la que tiene mayor jerarquía, y le dice a Marta, que está ocupada: "...María ha escogido la mejor parte" (Lc 10, 42). Quizás muchos de nosotros hemos vivido toda una vida sirviendo a Jesús, pero aún no nos hemos dado la oportunidad de encontrarnos con Él y conocerlo. Nuestra vocación siempre será estar con Jesús y nuestra misión ser como Él. Un pasaje que muy frecuentemente me visita, es lo que Jesús les dice a sus discípulos en su despedida: "He estado tanto tiempo con ustedes y aún no me conocen" (Cfr. Jn 14, 9). Lo importante en este momento no es el tiempo que llevo en la Iglesia, sino preguntarme si realmente conozco a Jesús.

Su Santidad San Juan Pablo II invitaba a la Iglesia a una Nueva Evangelización, "nueva en su ardor". ¿Y en qué consiste evangelizar? Consiste no en hablar de Cristo, sino en *estar* con Cristo, y estando en Cristo, entonces no será mi voz sino su voz, no será mi alegría sino su gozo, no será mi abrazo sino su consuelo, y por consiguiente, no me verán a mí sino a Él.

Es importante tomar en cuenta que solamente crecemos cuando compartimos, cuando nos damos y nos entregamos a los demás. Por lo tanto la fe no es para vivirla en privado, si no se comparte, agoniza. Al compartir nuestra fe con otros, esta misma fe aumenta en nuestro interior. Compartir nuestra fe es vivir la caridad; recordemos lo que dice el apóstol Santiago: "La fe, si no tiene obras, está realmente muerta" (St 2, 17). Si no me esfuerzo cada día en vivir mi fe, lo más seguro es que termine viviendo como alguien que no la tiene.

El encuentro personal con Cristo debe provocar que se desaten los nudos en mi lengua y aquellos que existen en mi ser, y de esta forma, en plena libertad, podré ser capaz de dar testimonio de que Jesús vive. El encuentro con Cristo nos "arroja" a compartir lo que hemos vivido, lo que hemos recibido, y así como los discípulos podamos decir: "Lo que les proclamamos es lo que hemos visto y oído" (1 Jn 1, 3). Recuerda: "Quien ha recibido a Cristo no puede callar" (P. Luis Butera MSP).

Anunciando *en primera persona*

La verdadera evangelización es aquella que anunciamos al dar testimonio de todo lo que Jesús ha hecho en nuestra vida. Tiene más eficacia el testimonio de un testigo, que el de alguien que solo escuchó el mensaje. Cuando Andrés tuvo su encuentro con Jesús fue y de forma personal le dijo a su hermano Pedro: "Hemos encontrado al Mesías" (Jn 1, 35-42). Y qué importante es el decir "hemos" y no "he", porque el que se encuentra con Cristo sabe que esa bendición y experiencia de vida no solo es para él, sino es también para el amigo, el hermano, la esposa, los hijos. Es por eso que nosotros también decimos "hemos encontrado al Mesías". Ser cristiano no es un traje para usarse en privado.

María, la primera discípula de Jesús, nos enseña a dar testimonio en primera persona. Recordemos lo que se narra en el evangelio de San Lucas: "Y sucedió que, en cuanto oyó Isabel el saludo de María, saltó de gozo el niño en su seno, e Isabel quedó llena de Espíritu Santo; y exclamando con gran voz, dijo: «Bendita tú entre las mujeres y bendito el fruto de tu seno; y ¿de dónde a mí que la madre de mi Señor venga a mí? Porque, apenas llegó a mis oídos la voz de tu saludo, saltó de gozo el niño en mi seno»" (Lc 1, 41-44).

La Virgen María con su presencia se convierte en anuncio. Preguntémonos, ¿acaso nuestra presencia en los diferentes lugares que asistimos se convierte también en anuncio? María se convierte en anuncio no tanto por lo que dice, sino por lo que lleva en ella: la Palabra hecha carne.

La clave para llevar a cabo este anuncio inicia con el encuentro personal con Cristo, y la fórmula para perseverar en esta bendita locura es mantenernos unidos a Jesús, así como las ramas se mantienen unidas a la vid. Estar unidos a la vid es dejar que la savia de la vida, de la alegría y de la esperanza corran por nuestras venas. Estar unidos a Cristo es ser discípulos eucarísticos: "El que come mi carne y bebe mi sangre…" (Jn. 6, 54). Vivir unido a Cristo es llevar una vida de oración. Es orar antes de orar, orar cuando oramos y orar después de orar; buscar todos los días entrar a mi cuarto (mi interior), cerrar la puerta a todo lo que me distrae y platicar con Él. Es no limitar nuestra oración a nuestro tiempo de oración, como decía la madre Angélica, fundadora de EWTN. Y también luchar por estar en gracia viviendo constantemente el sacramento de la Reconciliación. Es siempre estar conscientes de aquello que nos dijo Jesús: "Sin mí no pueden hacer nada" (Jn 15, 5).

Abrirnos al Espíritu Santo

Dios utiliza al hombre para salvar al hombre, y este se convierte en alguien útil cuando se deja llevar y conducir por la fuerza del Espíritu Santo. La evangelización que se ha hecho y la que aún falta por hacer nunca será una simple actividad del ser humano, pero sí una obra de Dios.

Pentecostés marca un antes y un después en la vida de la Iglesia. Antes de Pentecostés vemos a un Pedro con miedo, escondiéndose, negando a Jesús, pero minutos después de haber sido atrapado por la fuerza del Espíritu, Pedro baja del aposento y empieza a predicar con poder. Cuenta la Palabra que ese día personas de todas las lenguas podían entender el mensaje de los discípulos porque esos hombres llenos de Dios les hablaban en su idioma. Aquella exitosa mañana alrededor de 3 000 personas aceptaron a Jesús y se bautizaron (Hch 2,41). El Padre Emiliano Tardif decía que "Pedro, con un discurso convirtió a tres mil almas, y nosotros con tres mil discursos no convertimos a ninguno". El Espíritu no solo te da la fuerza sino la capacidad para llevar este mensaje de esperanza a personas de diferentes estilos de vida, a personas que hablan un lenguaje distinto al tuyo, a hombres y mujeres cuyas lenguas aún no proclaman a Jesús como su Salvador. Hay una gran diferencia entre, por un lado, compartir nuestras palabras y conocimiento, y por otro, dejarnos llenar por el Espíritu Santo y permitir que Él sea la Palabra y nosotros simplemente su voz. "Cuando os anuncié nuestro evangelio, no fue solo de palabra, sino también con la fuerza del Espíritu Santo y con plena convicción" (1 Ts 1,5).

El Papa Francisco expresa lo siguiente: "Evangelizadores con Espíritu quiere decir evangelizadores que se abren sin temor a la acción del Espíritu Santo. En Pentecostés, el Espíritu hace salir de sí mismos a los Apóstoles y los transforma en anunciadores de las grandezas de Dios, que cada uno comienza a entender en su propia lengua. El Espíritu Santo, además, infunde la fuerza para anunciar la novedad del Evangelio con audacia (*parresía*), en voz alta y en todo tiempo y lugar, incluso a contracorriente. Invoquémoslo hoy, bien apoyados en la oración, sin la cual toda acción corre el riesgo de quedarse vacía y el anuncio finalmente carece de alma. Jesús quiere evangelizadores que anuncien la Buena Noticia no sólo con palabras sino sobre todo con una vida que se ha transfigurado en la presencia de Dios" (*Evangelii Gaudium*, núm. 259)[39].

Desde nuestro bautismo el Espíritu Santo habita entre nosotros,

---

39. Papa Francisco, *Exhortación apostólica Evangelii Gaudium, vatican.va*, 24 de noviembre de 2013, https://www.vatican.va/content/francesco/es/apost_exhortations/documents/papa-francesco_esortazione-ap_20131124_evangelii-gaudium.html.

por lo tanto, la pregunta no es si el Espíritu del Señor está en mí, sino cómo es mi relación con Dios. ¿Existe una relación íntima con ÉL? ¿Busco todos los días abandonarme en Él? Recordemos que creer en Dios no es un acto de fe, ya que el mismo demonio cree también en Él. Lo fundamental está en creer lo que Él me dice en su Palabra, en ponerla en práctica para así poder convertirme en su amigo (cfr. Jn 14, 23) y, por consiguiente, ser su testigo: "Y seréis mis testigos" (Hch 1,8).

Hoy más que nunca, **los buenos deben vivir la espiritualidad de la insatisfacción.** Esta espiritualidad nos lleva a estar conscientes de que "nunca es bastante" (San Francisco). Hoy urge que los buenos llenen sus tinajas de agua para que el Señor las convierta en vino y así la alegría y la esperanza lleguen a muchos corazones. Aceptemos vivir con una espiritualidad misionera (*Evangelii Gaudium*, núms. 78-80). Hay un mundo por evangelizar, pero no olvidemos que evangelizar no es hablar de Cristo, ¡sino estar en Cristo!

¡Como María, todo por Jesús y para Jesús!

Preguntas de reflexión

1. En mi caminar con el Señor, ¿he tenido un encuentro con Cristo o he tenido solamente una experiencia?

2. ¿En qué consiste vivir una conversión cristiana?

3. ¿A qué nos llama el Señor en esta vida?

4. ¿Cómo es mi vida de oración? ¿Me retiro cada día y cierro la puerta a todos y a todo para estar con el Señor?

5. Al concluir la lectura de este libro, ¿con qué me quedo? ¿De qué manera me habló el Señor?